跨文化视域下的大学英语教学模式与创新研究

邱劼◎著

H.P.H 哈尔滨出版社

图书在版编目（CIP）数据

跨文化视域下的大学英语教学模式与创新研究/邱劼著. —哈尔滨:哈尔滨出版社,2023.8
ISBN 978-7-5484-7497-5

Ⅰ.①跨… Ⅱ.①邱… Ⅲ.①英语－教学研究－高等学校 Ⅳ.①H319.3

中国国家版本馆CIP数据核字(2023)第161320号

书　　名：跨文化视域下的大学英语教学模式与创新研究
KUA WENHUA SHIYU XIA DE DAXUE YINGYU JIAOXUE MOSHI YU CHUANGXIN YANJIU

作　　者：邱　劼　著
责任编辑：孙　迪

出版发行：哈尔滨出版社（Harbin Publishing House）
社　　址：哈尔滨市香坊区泰山路82-9号　邮编：150090
经　　销：全国新华书店
印　　刷：北京四海锦诚印刷技术有限公司
网　　址：www.hrbcbs.com
E - mail：hrbcbs@yeah.net
编辑版权热线：（0451）87900271　87900272
销售热线：（0451）87900202　87900203

开　　本：787mm×1092mm　1/16　印张：11.75　字数：225千字
版　　次：2023年8月第1版
印　　次：2023年8月第1次印刷
书　　号：ISBN 978-7-5484-7497-5
定　　价：68.00元

前　言

信息化时代推动下各国家之间的联系愈加紧密，中国和其他国家交往必然会逐渐加深，这一情况对新时期人才的英语语言能力提出了更高要求。为满足国家社会需求和个人发展需要，各大学需要从现实出发关注培养拥有优秀语言知识技能和跨文化交流能力的高素质人才，可见，对大学英语教学模式的创新探索是历史发展的客观要求所在。在跨文化教育视域下，推进大学英语课程教学改革，提升学生的跨文化交际能力，对培育具备国际化视野、英语跨文化交际能力的优秀人才具有重要意义。

我国大力发展教育事业，英语学科的教育普及程度较高，在此过程中关于大学英语教学需要积极向专业化和应用型转变，专业英语人才培养的质量提升，基于此本书从跨文化教育与大学英语教学的融合出发，对跨文化大学英语教学的语法、口语、翻译等进行了介绍，并对大学英语教学的新技术教学模式和大学英语教学的创新模式做了阐述，还对跨文化视域下大学生交际能力的培养做了分析，本书可为大学英语工作者提供参考。

在本书的写作过程中，收到很多宝贵的建议，谨在此表示感谢。同时作者参阅了大量的相关著作和文献，在参考文献中未能一一列出，在此向相关著作和文献的作者表示诚挚的感谢和敬意，同时也请对撰写工作中的不周之处予以谅解。由于作者水平有限，编写时间仓促，书中难免会有疏漏不妥之处，恳请专家、同行不吝批评指正。

目　录

第一章 跨文化教育与大学英语教学的融合

第一节 跨文化交际与英语教学

一、中西文化差别及跨文化交际

（一）中西文化差别

中西方文化在本质和表现形式上存在很大差异。中国文化讲究和、礼，集体归属感强，强调团体、沉着、坚定，但有时过于盲从，缺乏主动性，创新精神不够，严谨性不够。而西方人崇尚理性，善于逻辑分析，注重细节，执着，富于主动性，强调个性。中国人偏重精神感受，西方人注重实用。中国人重悟性、辩证思维，西方人重理性、逻辑思维。中国人谦让，西方人直率。

（二）跨文化交际

随着中国改革开放的进一步深入，国内各地区、各民族文化的广泛融合，国际合作和文化交流的扩大，以及中国加入世界贸易组织，跨文化交际的时代特征也适合于中国的国情，它必将给中国的教育尤其是外语教育带来深远的影响。

但是在外语教学史上，由于受结构主义的影响，语言和文化截然分开，结果造成人们在对外交际中常常误会。随着我国在各个领域对外交流的进一步加强，英语教学中的跨文化得到了更多的重视。不掌握文化背景就不可能教好、学好语言。因此，英语教学中，培养、加强文化学习十分必要。

学习一种语言，交际是目的，语言是方法，文化是背景，为此我们不但要学习语言本身，而且更应该学习这种语言所代表的文化。在当今的信息时代，文化已经成为人们生活和工作中不可缺少的组成部分，而交际文化在语言教学中比知识文化更重要。如果不懂得某种交际文化，交际就会失败。跨文化交际向国际化、多元化发展，全社会需要大量综合发展的复合型人才，然而各民族处于不同的自然地理环境，历史背景和信仰都不同，他们在各自的语言环境中形成了不同的语言习惯。不同民族之间的文化差异有许多表现在语言交际中，因此，要想顺利地完成交际，就必须把语言知识和文化知识结合起来。对外语教学者来说，交际文化素养的习得与跨文化交际能力的培养关系到教学效果和实际运用语言的能力，因而在英语课程教学中，不应该只是学习语法和词汇，更应该了解以文化为基础的交际形式、特定场合下的口头及书面表达风格，通过多种教学手段和策略在课堂内外不断地渗透文化意识并指导学生在实践中运用，激发学生学习的积极性，拓展学生视野，丰富学生知识，以达到学习外语的目的。

二、跨文化交际英语教学

（一）跨文化交际内容

文化从广义上讲是人类在社会历史发展过程中所创造的物质财富和精神财富的总和，从狭义上讲是一种生活方式，是我们生存、思维、感觉和与别人发生关系的环境，是联结人们的黏合剂。

归纳起来，跨文化交际包括以下五个方面的内容：

1. 语言交际

包括词汇、习语、语法、语段、文章等。

2. 非语言交际

包括面部表情、眼神、手势、姿势、体态等。

3. 交际习俗与礼仪

包括打招呼、称赞、称谓、访友、做客等。

4. 社会结构及人际关系

包括家族关系、亲戚关系、朋友关系、同事关系和社区关系等。

5. 价值观念

包括人们的信仰、看法、观点等。

因此我们的跨文化交际内容就是要学习了解目的语的以上方面的内容。

（二）跨文化交际英语教学步骤

一个人的母语文化认知图式是自然形成的，而目的语文化的认知图式必须有意识地对待，因为这是一种特定的思维模式。所以在教学过程中教师应充分发挥想象，设计各种各样的活动提高学生对英语学习的热情，加深他们对英语的理解。下面为教学活动的步骤：

1. 准备阶段

针对教学内容中所包含的文化知识，教师首先要了解学生已经掌握的程度，其次教师可以采取教师讲解、问卷测试、直接问答、词汇联想、图片实物展示等方法让学生对于将要学习的内容有一个初步的了解，使学生对将要学习的内容有大致的了解。

2. 讲解阶段

教师针对所学内容的特点采取不同的方法，使学生学习效率最大化。

（1）对比法

涉及语言交际方面的内容，如汉语里“像老黄牛一样勤恳”“力大如牛”在英语里却要说“work as a horse”“as strong as a horse”。中国人都是用牛耕地劳作，而英国人却是用马来耕作的。同样，汉语有“害群之马”的俗语，英语中翻译为“black sheep”。

涉及非语言方面的内容，如外籍教师穿着很随便，在公开场合甚至可以穿短裤，上课时有的还坐在课桌上，嘴里嚼着口香糖。中国教师则不会这样。

交际习俗与礼仪。中国人在饭桌上喜欢互相劝酒，而这在西方人眼里就是强人所难的举动。西方国家，孩子在家可以随便称呼父母长辈的名字，而这在中国是很不敬的行为。在西方国家，两个好朋友一起出去吃饭喜欢 AA 制；而这在中国人看来是不讲朋友情面的事情。在价值观念方面，多数西方人个人价值至上，追求个人成功，而中国人倾向于社会、集体价值至上。

（2）翻译法

英语学习者存在的一个共同问题是：当我们在做翻译练习时，目的语中没有生词，但英汉两种语言在词汇、语法、句型结构等方面有很大差异，这导致我们翻译出来的语句不符合目的语的习惯，所以典型句子的翻译在提高翻译水平的同时也提高了学习者的文化意识。

（3）互动法

英语教师与英语学习者之间的互动交流，让学生联想具有类似文化差异的中西方不同词汇或语言现象，以增强英语教学效果，提高英语学习者的学习水平。

3. 习得阶段

跨文化差异的学习最终目的是使得学习者掌握差异，从而在交际中更加得体恰当，而对这些差异的理解和掌握也要通过不同的课内外活动的练习而习得。如：角色扮演；努力创造跨文化交际的机会，如创造条件使学生有与外籍人员面对面交流的机会；使用一定比例的国外原版教材，并努力提高自编教材的真实性；充分利用现代化教学手段；充分利用外籍教师；引导学生阅读外国文学作品、报刊文章，推荐学生观看体现文化背景、风土人情、社会习俗等内容的电影；开展丰富多彩的课外活动，诸如文化讲座、知识竞赛等，引导学生逐渐养成自觉吸收不同文化的学习态度。

（三）跨文化英语教学阶段框架

小学、中学、大学到走出学校后各个阶段学习者英语学习都有其特点。小学英语教学的目的就是培养学习者英语学习的兴趣和对外国文化的好奇心，培养一定的语感和良好的语音、语调基础，掌握一定的英语语言知识和英语交际能力。中学英语教学的目的是使学习者全面、系统掌握英语语言知识，了解目的语文化，并应用这些语言和文化知识熟练地进行日常交际，同时培养较强的跨文化意识和一定的跨文化交际能力。大学英语教学的目的是通过专业英语学习，或以内容为基础的英语学习，学习者进一步巩固和提高他们的英语基础知识和应用能力，通过各种形式的文化学习和跨文化交际体验来增强他们的跨文化意识和跨文化交际能力，从而发展成为具有较强跨文化交际能力和独立专业学习能力的人才。走出学校后进行英语学习的目的是通过参加各类培训，或通过各种社会和工作实践，学习者进一步巩固和提高他们的英语交际能力和跨文化交际能力，同时增强他们自主学习的能力，培养他们终身学习的思想。这一框架不仅是英语教学的需要，也是培养新时代跨文化交际人才的需要，因此应引起英语教师及英语学习者的高度重视，成为英语教学和学习的基本内容。

三、外语教学中跨文化交际能力的培养

（一）外语教学与学生跨文化交际能力培养

对于跨文化交际学的研究不仅有助于人们预见和解决现实生活交际中出现的诸多问题，增强我们对世界各国文化的了解，同时也可以拓宽语言研究的社会面，将语言研究和跨文化研究有机地结合起来，这不仅在理论上必要，而且对于外语教学实践有实际意义。对这门学科的深入研究，不仅可提供探讨语言交际的新的理论依据与角度，而且也使外语

教学的内容得以充实与丰富。跨文化交际与外语教学密不可分，这是因为外语教学不仅仅是传授语言知识，更重要的是要培养学生的交际能力，尤其是灵活有效地运用外语进行跨文化交际的能力。因此，从这个意义出发，将外语教学看作是跨文化教育的一环更加恰当。随着改革开放的深入发展，中国迅速地走向世界，社会对大学毕业生的英语实际运用能力提出了更高的要求。目前我们外语教学中存在的问题概括起来有三个方面：首先，把学习语法和词汇当作外语学习的全部。这样教育出来的学生不但发出信息的能力很差，而且获取信息的能力也很差，综合交际能力低下。其次，学习方法陈旧。受传统汉语学习的影响，学生注意力往往集中在词、句的理解上，而较少注意篇章；往往重视信息的接收，却忽略信息的发出。最后，虽然综合语言能力较强，但是跨文化理解能力差，缺乏社会技能。语言失误很容易得到对方的谅解，而语用失误、文化的误解往往会导致摩擦发生，甚至会造成交际失败。

（二）跨文化英语教学与传统英语教学的区别

长期以来，在大学英语教学实践中，我们更多的是重视听、说、读、写等语言基础知识的训练，认为学生只要掌握了语音、词汇和语法规则，就能理解英语和用英语进行交际，而忽视了文化教学，尤其是学生跨文化交际能力的培养。实际上，由于学生缺乏语言的文化背景知识，不了解中西文化的差异，在英语学习和交际中屡屡出现歧义误解、语用失误的现象。如听到别人赞扬时，美国人一般表示接受赞扬，中国人则一般表示受之有愧；中国人召唤他人走近时常用手心向下、手指向内连续弯曲的手势，而外国人则用四指弯曲食指向内勾动的手势。Freeze 英语含义是“结冰、冰冻”，而美国人却在日常用语中表示“站住、不许动”。

跨文化英语教学与传统英语教学在教学目标和教学内容上的不同决定了它们教学的原则和方法不同。跨文化英语教学既要关注外语教学的语言文学目标，又重视外语教学的社会人文目标，它在教学原则和方法上与传统外语教学最大的区别在于：

1. 跨文化英语教学多层次多渠道地进行教学

语言的学习和文化的学习都是一个终身学习的过程，学习者不可能永远依赖老师进行学习。自主学习能力的培养和文化学习方法的探索是跨文化英语教学的重要内容，所以跨文化交际能力的培养需要学校教育与社会实践相结合，跨文化英语教学特别重视调动学习者的各种学习潜能和机制，充分利用各种教学手段多层次、多渠道地进行教学。跨文化交际能力的培养过程就是学习者的认知、情感和行为不断变化的过程，它需要学习者积累知识，转变态度，调整行为，发展技能。这种学习要求只有通过开发和应用多种教学手段才能得到满足，日益发展的多媒体网络技术为此开辟了新的途径。

2. 跨文化英语教学将认识、反思和丰富本族文化作为教学目的之一

比较和对比是实现这一教学目的的主要方法，学习者在英语语言学习和文化学习过程中，不断地将本族文化现象与其他文化的相关现象进行比较和对比，形成对本族文化的再认识。

3. 跨文化英语教学体验探索式的教学方法

跨文化英语教学虽然说是说教式教学方式与体验探索式教学方法并举，但后者的作用非常明显，因此大学英语教学不能单纯注意语言教学，对文化背景知识的了解是培养学生跨文化交际能力的前提。只注意形式而不注意语言的内涵，是学不好外语的。在大学英语教学中，必须加强文化教学，帮助学生在学习语言时了解和掌握与本国国情不一致的他国事物、现象和文化，提高对文化的敏感性，就可以利用他们发自内心的想了解其他民族的兴趣和动力，提高和完善其语言交际能力，真正实现我们外语教学的目的。外语教学必须重视文化之间的差异，要注意不同文化背景、社会价值观和思维模式的关系。教师应该充分利用各种手段加强语言文化导入，向学生进行文化渗透，融语言、文化于一体，让学生能同时学到语言知识和文化知识，从而提高学生的跨文化交际能力，使学生们在实际中正确运用语言。

（三）跨文化交际英语教学策略

外语教学的根本目的就是与不同文化背景的人进行交流，实现有效的跨文化交际；全面提高外语教学的水平，大幅度地提高学生的外语实际应用能力。这不仅是中国经济发展的迫切需要，同时也是跨世纪的中国高等教育的一项紧迫任务。为了实现这个目标，我们要真正认识到外语是跨文化教育的关键的一环，把语言看作是与文化、社会密不可分的一个整体，并在教学大纲、教材设置、课堂教学、语言测试及第一课堂里全面反映出来。

人类的交际不但是一种语言现象，也是一种跨文化现象。英语教学的目的是交流，而在我国目前的教学体系中，大学英语教学的侧重点都放在了语言知识的传授上，忽略了跨文化交际能力的培养。因此，教师要转变自己的观念，切实认识到文化冲突的危害性和培养学生跨文化交际能力的重要性，同时还要采用相应的策略和方法。

1. 转变观念

在我国，外语教学大多只在课堂上进行，教师起着绝对的主导作用。教师倘若只把重点放在语法和词汇教学上，学生就不可能掌握语言的实际运用，也无法获得跨文化交际的能力。因此，授课教师要转变观念，切实认识到文化冲突的危害性和培养学生跨文化交际能力的重要性。教师通过加强学习，不断进行知识更新，提高自身的综合文化素质，切实全面地把握英语文化知识教育的量与度及教学的具体步骤和方法，加强师生互动，增强课堂氛围，注意课下引导和点拨，全面提高英语教学水平，以达到预期的教学目的。

2. 改进传统的教学方法

一直以来，大学英语教学都把侧重点放在了语言知识的传授上，而忽略了跨文化交际能力的培养。为了改变这种局面，我们应该改进单一呆板的教学方法，从质和量两个方面对课堂教学中的文化教学加以控制，并利用如电影、互联网等先进的现代化的教学手段来充分调动学生的学习积极性和主动性。同时，还可以举办一些专题讲座，以满足学生的求知欲望，为培养出具有较高跨文化交际能力的人才搭建知识平台。

3. 引导学生广泛接触西方文化知识

大学里学生有充分的可支配时间，仅仅依靠教师在课堂上的教学来培养跨文化交际能力是远远不够的，教师要引导学生充分利用课外时间广泛阅读西方英语文学作品、报纸、杂志等材料，从中汲取文化精华，提高文化素养，扩宽文化视野，增强跨文化交际能力。另外，教师还要鼓励学生直接与外教交流，听外教作报告或讲课，这在交流中会起到潜移默化的作用。

（四）跨文化英语教学的原则

跨文化英语教学与传统的英语教学在教学目标和教学内容上都有着很大的不同，因此在教学方法和原则上也必然有所不同。跨文化英语教学的基本出发点是将英语作为国际通用语进行教学，将培养跨文化交际能力作为教学的最终目标。正因为如此，教学内容大大超出了交际法外语教学所圈定的目的语言和相关目的文化。虽然目的语言和文化仍然是跨文化英语教学的核心内容之一，但是只包括目的语言和文化的教学不能满足英语作为国际通用语和跨文化交际的需要。跨文化英语教学将教学环境扩大到整个国际社会，不仅包括以英语为母语的国家和地区，也包括将英语作为第一语言的国家。这样的教学内容和教学目的不可能完全通过传统的知识传授和机械训练的方法来实现，引导学习者掌握语言学习和文化学习的方法，培养他们独立思考和自主学习的能力，是保证跨文化英语教学成功的一个重要条件。一般来说，教师是教学的主要执行者，是教学的主体，但是在跨文化英语教学中，学习者的中心地位要凸显出来，英语教学也要遵循如下原则：

1. 引导学习者进行自主学习

学习者是教学过程的真正主体，教师的教学、教材的编写和教学方法的设计和选择都必须围绕学生的实际需要进行。在跨文化英语教学中，学习者的英语语言学习不仅需要受到应有的重视，在整个教学过程中，他们对母语和本族文化的体验和理解、对目的文化和其他文化的态度、个人综合素质的提高，包括立体思维方式的形成和跨文化交际能力的培养甚至对整个人生的态度等，很多与学习者的过去、现在和未来密切相关的主题，都是教学设计和教学活动的考虑因素。就教师而言，引导学习者进行自主学习是其主要任务，虽然知识的传授和规则的讲解仍然必不可少，但是教学的中心应该转向学习者自主学习能力的培养。这一点对于跨文化英语教学来说非常重要，原因之一是当今世界信息爆炸，知识不断更新，培养终身学习的思想，掌握独立学习的方法，成为教育界普遍关注的一个趋势。另一个原因是跨文化英语教学的目标和内容相对于传统的外语教学而言扩大了无数倍，而教学时间基本不变，不可能有大幅度的增加，因此学习者在校期间有很多教学内容无法接触和学习，教师只有通过授之以渔的方法，才能确保教学目标的最终实现。这也是为什么将离开学校后的英语和文化学习也纳入整个教学体系。

2. 语言教学与文化教学有机结合

语言和文化在跨文化英语教学中互为目的和手段。英语发展成为国际通用语的原因之一是跨文化交际日益频繁，来自世界各地、各民族、各文化群体的人们需要这一通用语作为沟通和交流的媒介，因此英语学习的目的之一就是进行有效的跨文化交际。而且，由于英语语言学习本身涉及文化的学习，所以我们完全有理由说，英语语言的学习是文化学习的手段，文化学习和跨文化交际是英语学习的目的。反过来，文化学习为英语语言学习提供丰富多彩、真实鲜活的素材和环境，大量文化材料被引入英语教材和课堂，这不仅使英语学习生趣盎然，而且是英语交际能力培养的重要保证。总之，跨文化英语教学包含语言教学和文化教学，两方面相辅相成，不可分割。所以，在教学设计和课堂教学中语言教学和文化教学必须有机结合。这种结合体现在外语教学的各个阶段、各个环节。虽然根据学习者的认知水平和学习需要，在不同阶段和不同课程中，语言和文化各有侧重，但是在跨文化英语教学中没有单纯的语言课或文化课，只要具有这种意识，总能找到两者的结合点。

3. 注重思维方法，遵循交际规则

文化会影响人们对外界事物的看法和认识，处于不同文化中的人在思维方式方面必然会有差异。思维方式是沟通文化语言的桥梁。西方文化的思维方式注重逻辑和分析，东方的思维方式则表现出直觉整体性。中国人含蓄委婉，思维方式带有意会性；西方人比较直接，属于直观性。思维方式是文化的一部分，渗透于人们生活的各个领域，当自身的思维

方式和交际对象的思维方式发生不同程度的冲突时，便会引起跨文化交流的种种障碍。东西方思维方式不同，为了跨文化交际的顺利，我们应该遵守交际规则，尊重交际对象的文化。

（五）外语教学中学生跨文化交际能力提高的方法

1. 采用对比法，介绍不同背景知识

各个民族由于地域、生态环境、政治制度、历史背景、风俗习惯、价值观念、行为模式的不同，其文化特征也不一样，只有通过对比才能发现本国文化与目的语文化之间的异同，从而获得一种跨文化交际的文化敏感性，加深对中外文化的理解，提高文化意识。教师可以在课堂上引入相关风俗典故，更多地介绍风土人情，捕捉中西方背景知识的不同点，让学生通过对比来了解双方文化的差异，加深对目的语国家文化的认识，从而养成得体的语言习惯。

2. 窄式阅读法

克拉申的“窄式阅读法”理论是有利于文化理解的阅读方法，其内涵为集中阅读同一话题的多篇文章，通过阅读理解文本中那些显性和隐性的文化信息，提高文化意识。克拉申认为，这种阅读总体上说是窄式输入。它对于一语习得非常有效，可以集中提供某一专题的文化内容及其背景知识，使学生可以在较短的时间内熟悉某一文化专题的词汇、题材、风格及文化内容。这种方法有利于学生对目的语国家文化背景知识进行全面的整体把握，拓宽知识面，开阔眼界。

第二节　大学英语跨文化教学的理论与实践

一、大学英语跨文化教学的理论基础

（一）语言与文化，语言教学与文化教学的关系

语言与文化之间密不可分的关系已经得到广泛认可。任何一种语言的产生和发展都依赖于该语言群体及其赖以生存的社会文化。语言不仅具有表情达意的交际功能，它还是感知和思维的表现系统，前者是语言的外显功能，以语言输入和输出为形式；后者是语言的

潜在功能，属于认知心理活动。

任何人际之间的交际都是从个体对外界环境进行选择性的感知开始，这个感知活动受个体的语言、文化和经历的影响。要让对方知道自己的思想，还必须借助语言系统外化自己的感知结果和思想，这就是语言使用的外化、输出阶段。这一过程首先是将已经形成的概念和思想转换成能外用的一个新的符号系统，这不是真正意义上的语言学习，在这种情况下，学习者学到的只是一套脱离了原来赖以生存的文化内容的符号系统，学习者只能用它来表达自己本族文化的一些思想内容，却无法将其作为与目的语语言群体进行交流的工具，因为离开了该语言所反映的社会文化现实，这一新的符号系统就好像一个没有了血肉的、僵化的躯干，失去了其原有的活力和价值。

外语交际能力的提高必然要求学习者了解目的语言所反映的文化意义系统，通过将目的文化与本族文化进行对比，调整和修改自己的认知图式和参考框架。只关注语言符号和语言形式，忽视语言使用中的文化内涵的教学显然是毫无意义的，外语教学应该与文化教学有机结合。

（二）跨文化外语教学是外语教学发展的需要

由于外语教学的宗旨是为社会和学习者个人发展服务，培养社会发展所需要的人才，所以随着社会的飞速发展，外语教学工作者也应及时更新观念，调整教学大纲和教学方法，以跟上时代发展能力的培养，这就是第三次社会化过程的基本含义，也是外语教学为提高学习者综合素质所作出的贡献。

二、大学英语跨文化教学的目标与内容

（一）跨文化外语教学的目标

跨文化交际能力作为跨文化交际研究的主要课题之一，也受到许多研究者的重视。当外语教学界认识到跨文化交际能力培养对于外语教学的意义之后，也纷纷对外语教学环境中跨文化交际能力进行定义和分析，由此可见跨文化交际能力在外语教学和跨文化交际两个学科领域之间所起的桥梁作用。

尽管外语交际能力和跨文化交际能力都已在各自的领域得到了极其充分的研究，但是跨文化外语教学的目标和内容并非两者，外语教学界的普遍认可，成为一个健全、合理和实用的外语教学法，必须有明确的教学目的和标准。

教学目的和标准的确定基本上属于一种政府行为，一般是由政府教育机构发起，委托

数名专家组成项目组进行调查研究，提交报告，最后再由教育部门审定和颁布，并监督实施。这说明教学目的和标准的确定受社会文化和政治经济等客观环境的影响，虽然跨文化外语教学的本质特点适用于任何国家和地区，但是其教学目的和标准及教学方法在美国和欧洲可能有所不同。同样，在中国的国情下，跨文化外语教学也应该具有自己的特色，不能一味模仿，全盘照搬西方国家的做法。

高校跨文化外语教学，从教学深度和广度上来讲，可以说是跨文化外语教学的高级阶段。它所针对的教学对象是年满十八岁的高校学生，该学生群体具有自身的特点：一方面，从其社会性发展特点上看，由于成长于中国社会中，长期接受中华民族文化的熏陶，他们在多年的社会化进程中已逐渐形成了一套带有明显母文化印记的符号系统、基本行为规范和语言逻辑思维。这一过程在很大程度上是以潜移默化的方式进行的，个体对自身养成的文化习惯与行为特点可能“习而不察”，但不可否认的是，到达大学阶段的学生已在此过程中确立了自身的文化根基与群体归属，且处在自身世界观、文化价值观形成与发展的关键阶段；另一方面，从其认知发展特点上看，由于知识经验的增多，认知水平与思维能力的提高，高校学生处在记忆和创造性思维发展的极佳时期。

由此可见，对高校学生开展跨文化外语教学，是可行且必要的。以跨文化能力与外语交际能力培养为目标的外语教学，以开放性、互动性与创新性为特点，既符合大学阶段学生的认知特点，同时也符合其个人社会性发展与身份构建的需要。具体讲，该教学模式注重学生运用所学外语语言知识对目的语文化及本族文化知识进行对比分析，在此基础上进行模拟或真实跨文化情境下的交际活动训练，在处理各种跨文化冲突的体验和学习中对自身所属文化，尤其是深层文化因素进行反思，提高文化自觉意识和跨文化敏感性，从而实现对中华民族文化的创新性继承与自身跨文化身份的建构。

我国高校跨文化外语教学的意涵及目的可以表述为：通过对外语语言及文化知识的教学，加强对母语和本族文化的理解、反思及对外传播的能力，增强文化自信，实现真正的文化自觉，培养具有国际视野和专业知识能力的，且愿意为我国社会主义现代化建设作贡献的跨文化复合型人才。

（二）跨文化外语教学的内容

跨文化外语教学内容由四个模块构成：目的语言、目的文化、其他文化和跨文化交际能力。目的语言和目的文化这两块的内容与我们现行外语教学的内容基本吻合，通过这两方面内容的学习，学习者能够掌握目的语言知识，并能使用该语言与目的语言群体进行有效交际，这就是外语交际能力。值得注意的是文化交流与语言使用应该属于同一个内容范畴，因为它们通常是相伴而行，同时进行的，文化是交流的内容，语言是交流的手段。

如果说外语交际能力是以目的语言和目的文化的掌握及应用为目的，那么跨文化交际能力则是一种以学习者母语和本族文化及目的语和目的文化的学习、交流、反思和体验为途径，同时兼顾学习和了解其他语言和文化的特点，进而超越各种具体文化束缚的一种灵活的交际能力，是以与来自世界各种不同文化的人们进行有效交际为目的的能力。如果外语教学完全排除其他文化的内容，势必会造成学习者徘徊于本族文化和目的文化之间，而忽略了其他文化的存在，这不利于培养学习者的跨文化意识，也不利于跨文化人才的培养目标的实现。

跨文化外语教学内容的另外一个范畴是跨文化交际能力的培养，它包含的教学内容很多。其中跨文化意识指的是对文化差异敏感性和态度的培养，跨文化交际能力是一个宽泛的概念，是一个包含知识、能力和情感各个层面的综合素质，而跨文化交际实践，作为教学内容之一，主要是由教材和教师提供或创造跨文化交际的机会或情景，让学习者去体会跨文化交际过程中可能出现的问题。在这个教学内容模块中还包括了跨文化研究方法的教学，其意义在于跨文化交际能力的培养是一个终身学习的过程，学习者不可能在学校教育期间学习世界所有不同的文化，外语教学也不可能预计学习者将会遇到的各种跨文化交际情景，因此掌握跨文化研究的方法是最现实、最有效的途径。

三、大学英语跨文化教学大纲的特点

（一）教学大纲比较

交际法和人文性大纲都包括了文化内容，只是前者的文化教学较为肤浅，只涉及与语言和语言使用相关的文化内容，忽视了社会文化环境和学习者个人文化背景在外语教学中的作用；后者的文化内容虽然较之要丰富、自然得多，但是，其目的仍然是促进语言教学，因此文化在外语教学中仍处于辅助、次要的地位，文化教学自身的价值和独立性没有得到重视。

（二）跨文化外语教学大纲的特点

1. 跨文化外语教学大纲是一种以内容为基础的外语教学大纲

传统语言学和语言教学不关心语言篇章的主题内容，只对语用关系和句法结构如何影响和构成信息感兴趣，至于这一篇章对学习者知识增长的作用一概不管。这一传统随着以内容为基础的教学、专业英语教学和双语教育的兴起而逐渐被打破。跨文化外语教学采纳的就是以文化内容为基础的教学模式。

最有效的外语教学应该是把语言作为传授和培养其他知识和技能的手段，而不是单纯地为了语言而学习语言，即不是将外语学习作为外语教学的目标。

2. 文化与语言互为目的和手段，共同构成外语教学的基础学习的最终目的

母语和本族文化在这一教学过程中起着重要的作用。它们虽然不是教学的主要内容和目的，但是在培养语言意识和文化意识，进行文化对比时，母语和本族文化的作用不可轻视。

3. 文化教学与语言教学有机结合

在跨文化外语教学中，处于同等重要地位的语言与文化内容的有机结合贯穿外语学习各个阶段（初级、中级和高级），各个环节（外语教学计划、课堂教学和教学评估与测试等）和各门课程（听、说、读、写等）。

4. 文化学习过程是大纲制定的主要依据之一

在确定文化主题为教学内容组织基础的同时，必须认识到文化学习过程是一个认知、心理、行为共同发展的过程，同一个文化主题的学习，既提供一个增长知识的机会，也可以成为一次心理和行为的体验和调整的机会，关键在于教学活动的设计和实施。因此教学大纲应该满足文化学习过程的需要。

四、大学英语教学中跨文化教育的实施途径

（一）教学中注重介绍词语的文化内涵

语言词汇是最明显的承载文化信息、反映人类社会文化生活的工具。词汇的意义分为概念意义和文化意义。概念意义指词汇的语言意义；文化意义则指词汇的感情色彩、风格意义和比喻意义等。文化意义是指某一文化群体对一客体本身所做的主观评价，同一客体在不同文化的人中产生的联想意义不同。词语在文化上的差异是学好外语的一大障碍，因此，在词汇教学中要注意词语的文化意义在目标语和母语之间的对比。

（二）教学中挖掘中英两种语言在句法和篇章结构上的差异

教学中要提醒学生中英两种语言在句子结构形式上的差异，即汉语句子重意合，英语句子重形合；汉语的时间概念由时间状语表达，英语的时间概念由动词的时态变化来表达。

在篇章结构上，英语主要呈直线型，汉语篇章主要呈曲线形。英语的段首一般是开门见山的主题句，然后按一条线发展展开，整个段落围绕主题句展开，每个句子都与主题密切相关；汉语则讲究“曲径通幽”，叙述和论证时一般含蓄而委婉。

（三）教学中介绍英语的交际习惯和行为方式

文化制约着人们的一切行为，也制约着人们的语言行为。不同文化背景的人有不同的语言习惯和行为方式，在教学中要注意培养学生对目标语与母语在交际习惯和行为方式差异上的敏感性，提高学生跨文化交际能力。

第三节　跨文化大学英语教学的改革与创新

一、大学英语的培养目标

（一）在大学英语教学大纲中明确母语文化和目的语文化的定位

大学英语教学中目的语的文化学习是重点。学习目的语文化是掌握目的语言所必需的，同时学习目的语文化能让大学生意识到自己的文化身份，这也是学生建立文化身份的途径。只有在学生深入了解目的语文化的基础上，学生才能更深刻理解母语文化，要能从不同的历史和文化中吸收养分，让学生成为跨文化人。理解另一种文化会给予人们一个站立的位置，在那儿人们能更好地观察他们出生的文化。

（二）大学英语教学大纲的培养目标

让学生能自如地表述自我和母语文化，具备用英语表述母语文化的能力。对西方人来说，中国人和中国的文化都是“文化上的他者”。那么，如何避免西方将中国的民族文化和民族自我淹没在西方式的话语中，就必然依靠中国人对自我文化的阐释和表述。

让学生能够深刻理解目的语文化的深层内核，具备对目的语文化的理解能力。对学生来说，目的语文化也是“文化上的他者”，如何避免将目的语文化“他者化”，如何避免文化障碍，是大学生学习的主要目的之一。

使学生成为跨文化的人。因为学生所具有的他者身份，可以有意识地与目的语文化价值观保持距离，可以从他者的视角来审视目的语文化，指出西方人习而不察的对他者的冷漠，不但可以令西方人反省自己的文化，也能为自己争取到话语权。同时，学生的他者身份，也为自己提供了一个认识自我的参照，从他者的角度看母语文化会让学生进入反思自我的旅程，学生能重新认识习以为常的社会。

二、大学英语教学模式改革创新

（一）教学模式与其他相关概念的区别

1. 教学模式与教学思想、教学策略和教学方法

教学模式、教学思想、教学策略和教学方法是传统教学领域中使用频繁、容易混淆的概念，在此有必要理清它们之间的区别与联系。教学模式的选择和运用必然受到一定教学思想的指导或制约，但它们之间并不是一种对等的关系。教学思想属于理论、观念形态；教学模式虽然包含特定的教学理论，但本质上具有可操作性，是对教学观念的具体化和简化。

教学方法有广义和狭义之分。广义的教学方法是指为达到预定的教学目标和完成相关的教学任务，而采取的一切手段、工具、途径和办法的总称，它既包括各种教学手段、工具和方法，也包括各种教学原则的应用。对教学方法狭义的理解则认为，教学方法是指为达到预定的教学目标，完成预定的教学，在教学原则的指导下所采用的师生互动方式和有关措施，既包括教师教的方法，也包括学生学的方法，是教学方法和学习方法的统一。

2. 教学模式与教学结构

（1）教学模式等同于教学结构的观点

教育界对于教学模式与教学结构的定义渐渐有了新的表述。教学结构与教学模式是层次关系。

（2）教学模式与教学结构存在层次关系的观点

①教学结构是一个下位概念，这种观点源于对“模式”和“结构”这两个概念内涵的比较，有关“模式”和“结构”的几条主要查询结果如下：模式亦称“范型”，一般指可以作为范本、模本、变本的式样。作为术语时，其在不同学科有不同的含义。

②教学模式是一个下位概念，教学结构和教学模式是处于不同层次上的概念。教学模式则是教学结构在具体的学科领域中教学过程展开的体现，同一种教学结构在不同的教学内容、教学环境与教学对象中展开，则可衍生出多个用于指导具体教学进程的教学模式。

（3）对教学模式与教学结构之间关系的再认识

①对教学模式与教学结构同一性的反思

按照《现代汉语词典》的注释，模式指“某种事物的标准形式或使人可以照着做的标准样式”。结构一词，原指事物各部分的搭配和排列，在系统论中被引申为系统内部各个部分、要素、成分相互结合的方式或构成形式。也就是说，结构就是事物之间或事物内部各要素之间的相互关系，事物不同的结构方式使该事物具备不同的功能。每一种模式都有其特定的内在结构和外显功能。

②对教学模式与教学结构存在层次关系的反思

在教学模式与教学结构是层次关系的观点中，要么教学模式处于上位，教学结构是一个下位概念；要么教学结构处于上位，教学模式是一个下位概念。所谓总括关系，就是指新观念具有较广泛的包容性与概括性，能把一系列原有观念总括于其中。因此，新观念处于上位，原有观念处于下位。

③对教学模式与教学结构之间关系的再定位

教学结构只显示教学系统内部各个部分、要素、成分间的结合方式和构成形式，虽然对教学实践有一定的指导作用，却不能以简约化的形式表达一种教学思想或教学理论，不能担当起教学理论与教学实践之间“中介”的重任。

（二）教学模式的发展趋势

1. 从单一教学模式向多样化教学模式发展

自从近代教育科学的创始人德国教育学家赫尔巴特提出“四段论”教学模式以来，经过其学生的实践和发展逐渐形成了以教师为中心的传统教学模式，这一模式成为20世纪教学模式的主导。20世纪50年代以后，由于新的教学思想层出不穷，再加上新的科学技术革命使教学产生了很大的变化，教学模式出现了“百花齐放、百家争鸣”的繁荣局面。

2. 由归纳型向演绎型教学模式发展

归纳型教学模式重视从经验中进行总结和归纳。归纳型教学模式来自教学实践的总结，不免有些不确定性，有些地方还不能自圆其说。而演绎型教学模式有一定的理论基础，形成了较为完备的体系，它更加强调教学模式的科学理论基础。

3. 由以“教”为主向重“学”为主的教学模式发展

现代教学模式的发展趋势是重视教学活动中学生的主体性，重视学生对教学的参与，教师要根据教学的需要合理设计“教”与“学”的活动，鼓励和帮助学生实现自主性的、探索性的、创造性的学习。

4. 教学模式的技术手段日益现代化

在当代教学模式的研究中，人们越来越重视引进现代科学技术的新理论和新成果。新的教学模式非常注重将计算机、多媒体和网络等信息技术运用到教学中，有效地将信息技术与课程进行整合，教学条件的科学含量越来越高，充分利用现有的教学条件对教学模式进行全新设计。

（三）大学英语教学的创新

教学过程既是认知过程，又是情感过程。这两个过程相伴相随，相辅相成。积极参与是学生自主学习的前提，让学生积极参与教学充分体现了民主、自由的课程理念。教学中要注意充分发挥学生的主体作用，为学生提供参与教学的机会，不断激发和培养学习兴趣，为其提供更多的思考和创造的时间和空间。学生们通过思考和讨论，积极动脑，参与活动，既获得了知识，提高了语言表达能力，又培养了与他人合作的能力，效果很好。

在现代社会的发展趋势及教育改革的普遍要求之下，英语已经逐渐成为世界通用的一门语言，掌握熟练的英语口语技能，代表了大学生与来自世界上不同文化的人进行沟通、接受来自不同文化的信息的能力，对于当代大学生来说具有相当重要的意义。

（四）创新大学英语教学的必要性

我国政治、经济、文化、教育、科技、对外交往和社会各项事业的发展和进步，给大学英语教学带来了前所未有的机遇和挑战。

第一，创新大学英语教学是经济全球化和我国对外经济发展的需要。在经济全球化的时代，对外经济贸易作为连接国际、国内市场的极为重要的领域，对外经济贸易的发展对既懂专业，又会用英语交流的外经贸人才的数量和质量的要求日益提高。第二，创新大学英语教学是我国对外政治、文化、科技交往的需要。我国对外交往日益频繁，在国际事务中的影响力不断增强，地位和作用不断提升，对高层次的精通外语、能够参与国际竞争人才的需求不断高涨。第三，创新大学英语教学是广大学生的现实需求。随着社会的改革开放步伐的加大，各行各业对外信息交流的规模不断扩大，要求大学生在毕业之后具有英语综合应用能力。大学生对英语的迫切需求、浓厚的求知欲、学习英语的积极性，甚至对当前大学英语教学的这份“挑剔”，表明了创新大学英语教学势在必行，而且必须将出发点立足于社会发展的实际需要和大学生的实际需求。

（五）创新大学英语教学的方式

1. 教学理念的创新

“以学生为中心”的新的大学英语教学理念就是把以教师为主体的教学模式转变为以学生为主体，转变教育者和被教育者的角色定位。“以学生为中心”就是一切从学生的实际和需要出发来开展教学，提高教学质量。创新大学英语教学要求教师在课堂上“精讲多练”，给学生提供充分的语言实践环境和机会，改变学生被动接受知识的状况。

任何一项教学活动的改革都需要有重要的指导思想作为保障。大学英语创新教学的前提就是要在教学思路上有重要的变革。从死记硬背单词转变为培养学生对文章的理解，从重视阅读转变为重视英语的听和说，从对语法的掌握转变为对语感的培养。

2. 教学模式的创新

在课堂教学中，要积极实现英语教学过程的顺畅和整合。教材的选择上，要针对大学生的主要特点。创新教学过程可以从教学环境设计、师生互换角色、教学引导等多方面进行。优化教学的各方面组合，实现教学过程的细致性和严谨性。

教师要特别重视发挥学生的主体作用，提倡改变过于强调接受学习、死记硬背、机械训练的现状，倡导学生主动参与、乐于探究、勤于动手，培养学生搜集处理信息的能力、获取新知识的能力、分析和解决问题的能力，以及交流与合作的能力。

3. 教学评价的创新

教学评价的创新在于建立新的教学评价和考核体系。学生的创造性除了教学内容、教学观念、教学手段、教学考核等创新加以培养外，还必须借助课外的各种创新实践活动加以丰富和深化，使学生创新能力培养向多渠道、开放式、规模化方面发展。

4. 教学环境的创新

创新实践性教学环境，营造丰富的校园英语学习环境。将英语教学延伸到课堂之外，鼓励学生把英语知识运用到校园文化中，充分展示自己的英语水平，营造校园英语学习氛围。课外活动应内容丰富、形式多样，使更多学生能参与，激发学生英语学习兴趣，锻炼组织能力，提高综合素质。

随着我国大学教育体制的进步，大学英语教学有了长足的进步。在教学过程和教学手段上都与知识经济的时代特点相融合。大学英语教学作为实现这一要求的最直接的方式，需要从各个方面进行改革和提升。创新大学英语教学就是要创新教学思想，转变教学观念，实现教学过程的新体验，从形式和内容上提高英语教学的目标和效果。

（六）对于大学英语教学创新的结论

首先要培养流利地读单词，第一语言阅读研究者们普遍认识到流利地认读单词是阅读理解能力中的一个重要因素，特别是在早期发展阶段。其次，语法知识的训练，因为语言知识主要是指词汇和语法知识。随着交际教学模式的推进，语法虽然重视度不如以前，但大量的研究证明语法知识和阅读知识有较强的联系。再次，抓住阅读材料的篇章结构特征的训练。不管何种语言文章都有论述文、说明文、记叙文等多种文体，篇章结构各有特色。

网络发达的现在，教学也要跟着时代，也就是利用现代化教学手段，广泛地阅读有用的知识。教师应重视阅读材料研究工作，培养学生良好的阅读习惯，通过大量的教学实践，课内课外相结合，让学生恰到好处地默读、精读和泛读，通过各个阅读环节的循序渐进，切实训练学生的阅读技能，实现全面提高学生的阅读理解能力的目的。

大学英语教学创新要本着一切为教与学服务的原则，从根本上改变教学思想、课程设置、教学模式、教学方法与手段、课程设置等，着重探索现代教育技术和多媒体网络支持下英语教学和学习方式的有效改进，以及学生知识构建的多种途径和方式，充分发挥人的潜能，利用信息时代跨时空、大信息量、交互性和个性化学习的优势，形成有效的学习策略，实现理论与实践，自主与合作，敢于探究的多样化学习，培养学生持续、高效的学习能力，加强学生英语语言综合运用，特别提高听说能力，以适应学习化社会的需要，增强其对未来工作、生活的适应能力和竞争能力。

三、跨文化背景下的大学英语教学改革创新

（一）跨文化交际教学模式下的英语教学的意义

语言是文化的载体，也是文化组成的部分，反映着一个民族的文化，在更深层次上揭示了民族文化的内容；语言不能超越文化的背景而独立存在，大学英语教学的目的就在于培养学生的语言运用能力和交际能力，这起码离不开学生对所学知识及知识的文化背景的了解。跨文化视野下的英语教学可以促进大学生了解语言知识体系，了解民族之间的文化差异与语言差异，使大学生在接受英语教学的过程中能够更进一步拓宽知识面；跨文化视野下的大学英语教学改变了传统的教学模式与考核制度，通过教学模式与评价制度的改革，可以提高学生的文化素养及学生的综合素养，便于学生在语言学习的过程中更加透彻地理解知识，更加主动、自觉地学习知识。

从古至今，关于语言和文化之间的关系，学者们给出了很多解释，但是，归根到底都是表明语言与文化之间是相辅相成的关系，二者相互渗透，相互促进，共同发挥作用。语言是一个国家或地区文化的重要组成部分，例如，我国少数民族的语言，本身就是代表少数民族的文化；对于文化而言，语言是其传播的载体，由它进行文化的宣传和传播。语言和文化是一个不可分割的整体，通过学习语言，可以让人们了解一个国家的政治、经济、文化等方面的知识。加之我国大学开展英语教学的目的是促进国际之间的交流和合作，了解国外的先进思想和技术，培养国际型的人才，因此，要想这些人才更有利于国际之间的交流，首先应该确保这些人才在储备自身知识的同时，也要了解、熟知国外的文化。此外，在对学生进行跨国际交流的英语教学时，能够培养学生的跨文化能力，借助英语的独特魅力，激发学生的学习兴趣。

（二）大学英语教学改革创新

1. 英语教师自身树立跨文化交际意识，转变教学理念

有效的语言交流不仅涉及一系列的语法规则和词条，还涉及语言的社会文化和风俗习惯等；一句完全符合语法规则的话语用在不恰当的语境当中就无法达到交际的目的，甚至会造成误解和冲突。大到国际贸易谈判的摩擦，小到个人接触异国文化时的障碍和失败，都印证了仅靠语言的知识和技能是无法成功应用这门语言进行跨文化交际的。因此，作为学生英语学习的领路人，英语教师应首先提高自身的文化素质，树立跨文化交际意识；教学理念也应该从注重单纯传授语言知识和技能转向注重语言实际应用能力和跨文化交际能力培养上来，在课堂教学过程中有意识地把语言教学和文化教学相结合。例如，在讲解词汇语法、篇章结构、修辞等基础知识时，不能只停留在语言符号的表层含义上，还要有意识地向学生传授语言符号中隐含的深层文化内涵；同时进行基本的英汉语言文化对比，将中西文化在称呼、招呼语、感谢、谦虚、赞扬、表示关心、谈话题材和价值观念等方面的差异自觉自然地渗透到英语教学中，使学生了解英汉语言的语言形式、思维方式等语用差异，从而使学生得体地进行跨文化交流。国外的有关实践表明，通过文化对比的手段，可以有效地增强人们的文化敏感性，从而提高人们的跨文化意识。

2. 从培养跨文化交际能力角度进一步推行课程设置改革和教材改革

在课程设置时应加大听说课的比重，使学生有足够的时间和机会练习听说技能。在听说课堂上，尽最大可能地按照学生会经历的交际事件设置真实的语言交际场景。例如，商场购物、电话订房、订餐、求职面试等。同时，为非英语专业学生增设一些原本提供给英

语专业学生的选修课和专业英语课。例如，跨文化交际课程及英语国家概况课程等。非英语专业学生应用的英语教材方面，文化能力和语言能力应共同成为教学的目标，在教材中就应全面、系统地呈现和对待文化教学内容。文化和语言有机结合就应该以文化主题为主线，语言系统为暗线，以文化为内容，语言为手段。文化教学应该有自己的大纲、内容和方法，这就是文化教学的系统。因此，在教材编写上应该进一步明确文化教学目标，如，要学生掌握哪些词汇，话语的文化内涵；要了解哪些历史、地理、生活方式、风土人情等文化背景知识，并根据文化教学目标循序渐进地成系统地编写相应的教材内容，同时增加相应的文化练习习题。

3. 强调跨文化能力培养在外语学习中的重要性

帮助学生切实了解语言与文化之间的密切关系，认识到跨文化能力培养在外语教学中的重要性，让其不仅知道“做什么”“怎么做”，还知道“为什么要做”“做了可能有什么样的收获或成效”，由此增强学生参与跨文化外语互动教学的积极性。高校学生，尤其是刚进大学的学生各方面的可塑性都比较强，比如学习方法与认知思维习惯的形成，他们往往对即将开始的学习充满期待。因此，在开课之初，适当地引入文化学习、外语学习及跨文化能力培养的概念，并通过对某具体文化现象或事件的分析让学生认识到跨文化外语教学的必要性和重要性，让他们对语言与文化的关系，跨文化因素对个体学习所能产生的影响产生深刻印象，加强其在后续学习中有意识进行跨文化知识学习及跨文化交际能力培养的内在动机。例如，教师可以在课堂上就中国学生上课参与互动少或者不主动问问题的习惯为主题组织学生运用外语展开讨论，鼓励他们从文化层面及个人性格层面进行分析，同时将西方学生与之截然不同的上课状态、思想观念和学习习惯进行对比和现场体验，在此过程中完成讨论、反思与制订后期学习计划，运用学生熟知且有切身体验的事例或现实问题作为文化教学与语言教学的结合更易使学生产生共鸣，取得事半功倍的效果。

4. 加大中华民族文化在跨文化外语教学中的比重

进行跨文化外语教学的目的在于为国家培养所需的高素质复合型人才，这些人才应具备足够的语言知识技能和专业能力，具备一定的民族文化底蕴和人文积淀，愿意为祖国建设和发展做出贡献，并以中华民族文化的对外传播为己任。加大中华民族文化在教学中的比重，在内容上从如建筑、书法、太极等浅层文化因素，深入影响国人价值观、行为规范与思想观念的深层文化结构因素，以优秀文化典籍为内容依托，运用外语语言，以对本族文化的讨论与反思为出发点，引导学生进行思考，在此过程中帮助学生养成反思的学习习惯与发散性思维，提高文化自信和文化自觉意识，让他们在跨文化交际情境下能够“有话题”“有观点”，能够用外语清晰地表达自己的观点，实现文化沟通、分享与传播。

5. 合理利用多媒体网络资源

利用与大学英语教材配套的大学英语网络教学平台完成语言学习的同时，结合教材的文化内容推荐给学生优秀适宜的影视资源。这样既能激发学生英语学习的能动性，又能使学生在娱乐之中收获相关的语言及文化知识，逐渐培养学生的跨文化交际意识和能力。

6. 切实有效地开设第二课堂活动

在教师指导下开展第二课堂学习活动不仅是对课堂教学的有效补充，同时也能更好地调动学生英语学习的兴趣。对于传统的英语角、英语晚会、英文歌曲大赛、英文话剧等活动，有学生抱怨因受客观条件限制，活动中多是与中国学生互动，跟以英语为母语的人沟通的机会较少，有些甚至为零。久而久之，他们就失去了参与活动的动力，因而也达不到预期的效果。针对这种情况，教师应鼓励学生利用互联网等高科技手段争取真正与外国友人进行跨文化交际的实践机会。例如，通过 SKYPE 等网络聊天工具与外国网友特别是以英语为母语的外国友人进行语音的或文字的交流，让学生真正体会“学以致用”的乐趣，定期地把学生在交际过程中遭遇的语言的、非语言的跨文化交际障碍汇总，并逐一进行案例式分析来帮助学生在实践中提高跨文化交际的能力水平。开设有效的第二课堂能帮助学生创造跨文化交际的环境和氛围，最终实现对非英语专业学生的外语教学的目标。

7. 采用更科学合理的评价方式

在命题方面，应着眼于对学生听、说、读、写、译等各方面的综合考评，并适当增添对文化教学内容的考核。从考核方式上，应把形成性评估与终结性评估相结合，实行课堂考核、网络考核、试题考核和第二英语课堂考评相结合，以全方位地检测学生对英语语言的运用情况，特别是对学生的跨文化交际能力的考核。

从跨文化交际视角对大学英语教学进行改革，培养具备跨文化交际意识和能力的非英语专业本科人才，顺应了中国高等教育素质改革和经济发展及国际交流的形势，势在必行，而且具有很强的现实意义。

第四节　跨文化教育与大学英语教学的有机融合

在新的时期，跨文化教育已经成为大学英语教学中的重要组成部分。以跨文化教育为导向的大学英语教学的理论探索和实践应用也愈发成熟。分析大学英语教学的深层障碍，进而分析和探讨跨文化教育与大学英语教学融合的意义、目标与内容。

一、大学英语教学中存在的深层障碍

在当前的大学英语教学中，人们日益关注如何提高学生的跨文化交际能力。学生跨文化交际能力的提高有赖于多掌握具体、形象的目的语文化背景知识，多了解中西方文化的各种差异，多参与一些与英语运用相关的活动。诚然，这种看法不能说是错误的，但这些形式从本质上而言并未涉及西方文化的核心内容。换言之，大学英语教学之所以效果不甚明显主要是因为其所遇到的深层障碍并未消除。下面就针对这方面的内容展开详细分析，主要涉及深层文化和文化定式两个方面。

（一）深层文化

深层文化又称为“软文化”“精神文化”，其核心就是人们经常提及的“价值观”。价值观决定着一个民族文化的精神实质、特征和风范。再进一步划分，价值观主要包括人权观、婚姻观、劳动观、道德观、群体观、个人观、发展观、法治观等。

1. 深层文化的界定

为了对深层文化有更深入、全面的了解，下面对文化“洋葱论”与文化“冰山论”两个观点进行说明。

文化的外层是一些可见部分，内层是不可见的部分，各层之间都密切相关，其中内层影响着外层，具体分析如下：

①表层（符号，外在直观的事物）。其中，词汇、手势、声音、图像、图画等属于最外层的文化内容。

②中层（英雄，社会规范和仪式）。这层文化主要是一些伟大人物、英雄人物，他们既可以是真实存在过的，也可以是人们想象出来的，只要是具有一定文化高度并被人们所赞扬、成为一种文化楷模即可。另外，社会生活中所进行的各种仪式，本身是一种集体行为，所有个体都要以集体的准则为活动准绳，这些同样属于中层文化的范畴。

③核心层（价值观，存在的基本假设）。这种文化是一个民族的核心，本身具有强大的凝聚力，将民族群体凝聚在一起。可见，价值观作为文化的核心内容，被其他层次的文化内容包裹着，就如同洋葱的结构一样，这就是文化“洋葱论”的由来。学习一种文化不仅要学习文化的表层内容，更要掌握文化的核心内容，如此才能真正地理解一种文化并展开顺利交际。

2. 大学英语教学中的深层文化

当前我国大学英语教学中所涉及的深层文化是很少的，这十分不利于学生彻底掌握目的语文化，更不利于其跨文化交际能力的培养。大致来说，大学英语教学中输入给学生的文化内容存在以下几个方面的不足。

（1）忽视了对目的语深层文化的输入

学生在英语文化教学的过程中所接触的文化内容基本属于表层文化。教师为了有效提升学生的语言、技能水平，会在平时的训练过程中为学生提供尽可能具体、形象化的文化知识，以此来实现培养他们跨文化交际能力的目的。教师虽然做了诸多努力，效果却不明显，导致这一现状的重要原因就是教师并未教给学生目的语文化的深层内容。

学生在进行跨文化交际的过程中难免会出现错误，来自表层文化的错误是很容易改正的，但由于不知晓深层文化如价值观、信仰而导致的错误需要付出更大的努力才能改正。另外，由于表层文化所导致的错误通常是容易被外国人接受与理解的，但由于深层文化所导致的错误其后果是十分严重的，极有可能为交际双方带来不愉快甚至中断交际进程。

（2）忽视了目的语文化与历史的关联

在对学生开展跨文化教育时要具有大文化的视野，然而就目前大学英语教学中的文化输入而言，教师在处理文化元素时是任意的和无计划的，学生也仅选择自己感兴趣的内容来学习。

（3）忽视了对目的语经典文化的阅读

虽然我国已经对教育进行了全方位的改革，但目前人们眼中优秀学生的主要判断标准依然是“分数高”，这在英语这门语言科目中也不例外。中学生英语好坏要看他的高考成绩，大学生英语好坏则要看他的英语四、六级成绩，甚至求职的学生还需要去考 BEC（商务英语证书）来证明自己的英语比较优秀。

然而，分数高低只能从某个层面上说明学生达到了目的语言能力的要求，并不代表学生真正理解了目的语文化，也不能说明他们具备了与目的语国家的人们进行沟通与交流的能力，更不能说明当他们面对西方文化的强势地位时能客观地表达自己的思想，用英语来维护自己的话语权。对于学生而言，掌握目的语文化是为了提升自己的批判思维能力、解决问题的能力、跨文化交际能力和获得世界整体认知的能力。提升学生思维能力最有效的方法就是阅读。也就是说，大学英语教学要重视学生阅读的广度与深度。

（二）文化定式

文化定式对跨文化交际产生着一定影响，因而需要对其有充分了解。下面首先来分析文化定式的形成，然后探讨大学英语教学中的文化定式。

1. 文化定式的形成

定式是对一个群体成员类别的一套夸大期望，或者是对一个成员资格群体所持的潜意识信念，是对一个身份群体过于一般化的概述，以及对其文化过于简单化的态度，而不试图去理解身份分类中的个体变化。“定式”是一个中性词，该词既可以传达正面的信息，也可以传达负面的信息。定式是对一个群体十分泛化的认知，当人们使用定式来对待他人时，就意味着将这类人进行了划分，并且断言这类人都具有某些共同的特点。

为了更准确地把握“定式”一词，这里将其与“偏见”进行区分。“偏见”本身就是一个贬义词，建立在不公正的认知和情感成见基础上，在没有预先了解的情况下去自主地判断一些人与事，带有很大的主观色彩，并且是在一种错误概括基础上表现出的反感态度。在跨文化交际中，“偏见”主要表现为：口头歧视；表现出规避态度，通常而言人都有一种本能，即避免与自己不喜欢的人交谈或接触；歧视行为，如果对某人有偏见，就会在不自觉中做出很多排斥该人的动作。

在跨文化交际过程中，对某一种文化的描述经过不断复制就形成了定式。一旦在定式中加入情感成分，定式就会发展成偏见。又因为文化定式具有稳定性，所以一旦形成文化定式与偏见后是很难改变的。学生在认知过程中很容易受大众、传播媒介的影响而形成文化定式或偏见。

2. 大学英语教学中的文化定式

由于教材、传媒等缺乏对西方国家全面、客观、真实的介绍，导致学生对其一知半解。在学习过程中所获取的零散的文化知识很容易让他们对西方国家的文化形成一种一成不变的看法，即文化定式或偏见。如此一来，学生的跨文化交际能力就难以得到有效提升。

文化会随着社会的发展而不断变化，历史时期不同，社会所体现的文化就不同。因此，在大学英语文化教学过程中必须使学生理解目的语国家或民族的深层文化，避免文化定式的形成。如果学生的思维依然停留在过去的时间段，用太过简单的思维来看待当前的西方社会文化，那么在沟通中就不可避免地会出现问题和偏差。总之，大学英语教学要让学生用辩证、发展的眼光来审视西方文化，形成自己的独立思维，促进自身跨文化交际能力的提高。

二、跨文化教育与大学英语教学融合的意义

首先，将跨文化教育融入大学英语教学中，能够丰富大学英语教学的内容，扩充学生

的文化知识，包括本族文化知识、外国文化知识及两种文化所存在的差异，培养学生的跨文化意识与能力及对文化的敏感性，帮助学生用跨文化的思维对问题加以分析与处理，使学生树立全球化视野。

其次，将跨文化教育融入大学英语教学中，有助于培养学生对跨文化环境下与他人进行交流与合作的能力。受全球化的影响和制约，这种能力的欠缺更加明显。跨文化教育与大学英语教学的融合可以不断提升这些学生的交流与合作能力，而且在提高他们沟通能力的同时可以培养他们协作处理问题的能力。

最后，将跨文化教育融入大学英语教学中，可以使学生从不同的语境出发，对自己的文化参考框架加以调整，保证交际恰当有效地展开。单纯的语言教学能够提升学生的对外沟通能力，但是在对外交流过程中必须将不同国家的不同文化考虑进去，因此只有将跨文化教育与大学英语教学相融合，才能帮助学生在对外沟通中更好地提升自身的文化切换能力，让交际更为恰当、顺畅。

三、跨文化教育与大学英语教学融合的目标

对于不同层次的英语教学目的，可以分别用 goals，aims，objectives 三个词表达。其中，goals 是对教学目的的总体概括，是一个抽象化的描述。一般来说，只有具体分析这些抽象的目标，才能将其转化成为英语教育工作者的参考依据。这些被细化了的教学目标就是教学目的（aims）。与这些目的相伴而生的是衡量达到这些目的的标准（standards）。确定好英语教学标准与目的非常重要，因为一方面它是对总体目标的细分，是总体目标实现的衡量标准；另一方面它是教学具体实施的指导，是确定课堂教学目的（objectives）和教学活动的基础，也是教学评估和测试的基础。

教学目的与标准的确定属于一种政府行为，通常由政府教育机构发起，委托数名专家组成项目组进行调查研究，提交报告，最后由教育部门审定和颁布，并监督实施。教学目的和标准的确定主要受社会文化和政治经济等客观因素的影响，尽管跨文化教育视角下的大学英语教学的本质特点适用于任何国家和地区，但其教学目的和标准及教学方法在美国和欧洲可能有所不同。根据我国高校英语教学的特点，在跨文化教育背景下大学英语教学的目的应涉及三个层面：知识层面、能力层面和态度层面。

跨文化教育与大学英语教学融合的总体目标是：提高学生的外语交际能力（语言文学目标，初级目标）及培养学生的跨文化交际能力（社会人文目标，高级目标），具体体现在以下几个方面。

（一）帮助学生树立多元文化意识

由于世界构成群体的多元文化特征，不同的文化有其产生和发展的背景，并且不可替代。在全球化背景下，各文化群体间的交流日益频繁，尊重并理解异质文化，可以避免文化冲突，实现平等交往，促进合作。

在跨文化教育与大学英语教学的融合中，培养学生积极理解不同文化的态度，可以使学生对自身的文化有更深的理解，从而对不同的文化特性有清晰的认识，以开放的心态对待世界文化的多样性和多元化。

（二）发展学生的批判性思维

将跨文化教育融入大学英语教学中应注重对学生批判性思维的培养，引导学生反思本国文化。学生充分利用多元文化的优势发现隐藏在文化现象之下的预定性假设，进而反思自己的文化行为，确立自己的价值观念、行为方式等，促使个人文化观的形成。

多元文化教育也是学校教育的一部分，并且与国家的教育目的相一致，多元文化教育使学生在理解和尊重异质文化的过程中，也实现了对自身文化更为深刻的理解和发展。

（三）为学生创造学习异质文化的机会

当来自两种文化的人们在进行了解和接触的过程中，不可避免地会出现文化冲击和碰撞，并且会产生一定的不适应。因此，在将跨文化教育融入大学英语教学中时，教师应该努力帮助学生克服这种不适应感，为学生创造更多的学习异质文化的机会，从而不断提升和培养学生的跨文化适应能力。

（四）构建跨文化教育与大学英语教学的融合模式

随着大学英语教学的发展，教师更加关注英语的文化内涵，深知在英语教学中进行跨文化交际素质培养的重要性。构建跨文化教育与大学英语教学的融合模式具体是要构建一种“交际—结构—跨文化”的模式。

1. 交际体验

交际体验是使学生掌握一定的交际功能，通过英语进行日常生活的交际。交际能力是人们为了不断平衡环境而进行的自我调节机制。通过英语课堂的交际体验，学生能够提升自身的交际能力。交际中交际双方需要以一定的语言交际环境为基础，对交际双方的背景有所了解，进而发挥自身的交际技能。

2. 结构学习

结构学习以语言技巧的训练为目标，将语言结构作为教学重点，主要利用英语进行教学。语言带有自身的系统性，语言学习和教学应该利用这种系统性，发现学习和教学中的规律，展开结构性学习。

结构学习需要注意以下几个方面。

①培养学生的英语结构运用能力。

②培养学生的词汇选择与创造力。

③培养学生组词成句、组句成文的能力。

④培养学生在不同语言环境下进行交际的能力。

3. 跨文化意识

跨文化意识教学是将了解文化知识作为目标，重视文化习俗的教学。要掌握英语文化知识，学生既要了解英语国家的历史和文化活动，研读相关的文学作品，也要了解英语民族的生活习惯与方式，形成学习英语国家文化的兴趣。长此以往，英语学习就会变成一种文化探索，有利于激发学生跨文化交际学习的乐趣，提升学习的效果。

“交际—结构—跨文化”的模式要求整个英语教学过程都贯穿中西方文化的对比与总结，以培养与提高学生的跨文化交际意识。

“交际—结构—跨文化”的模式是一种十分符合中国人的外语教学模式。中国大多数学生的英语学习都是以汉语思维和认知方式进行，这种认知方式不符合英语学习的规律。心理学认为，事物相异性越大，越能刺激人类的记忆。“交际—结构—跨文化”的模式能够从英语学习的全过程出发进行认知方面的刺激，有利于培养学生的目的语思维模式。

（五）实施英语教学跨文化训练

跨文化训练包括以下方式：

①以提供信息为主的训练，如讲座、演讲等。

②以原因分析为主的训练，如重大事件讨论。

③以提高文化敏感度为主的训练。

④改变认知行为的训练。

⑤体验型训练，如角色扮演。

⑥互动式训练，如跨文化交往。

在跨文化教育与大学英语教学的融合实践中，教师可以根据具体教学情况灵活使用上述几种训练方式，以提高学生的文化敏感度与跨文化交际技巧。

四、跨文化教育与大学英语教学融合的内容

将跨文化教育与大学英语教学融合的目的主要涉及知识、能力和态度三个层面，所以教学内容也应该考虑这三个方面的需要。

首先，跨文化教育与大学英语教学融合的内容包括四个模块：目的语言、目的文化、其他文化和跨文化交际能力。通过对目的语言和目的文化的学习，学生能够掌握目的语言知识，并且可以使用该语言与目的语言群体进行有效交际。其他文化的教学是跨文化外语教学不同于其他以文化为基础的外语教学之处。如果外语教学完全排除其他文化的内容，将会导致学生徘徊于本族文化和目的文化之间，而忽略了其他文化的存在，这就不利于培养学生的跨文化意识。跨文化交际能力的培养主要涉及跨文化意识、跨文化交际能力、跨文化交际实践及跨文化研究方法的教学。这四个方面的教学内容并不是孤立存在的，而是互相联系的。它们之间的关系密不可分、相互渗透，从而构成了更为合理的教学内容模式。

第二章 跨文化视域下大学英语词汇和语法教学

第一节 跨文化交际语境下的大学英语词汇教学探究

众所周知，词汇和语法是英语语言的基本组成部分，也是教师教学和学生学习的重要内容。具体来说，词汇是构建英语大厦的基石，语法则是词汇组成句子、段落与语篇的规则。可见，如果不具备基本的词汇与语法知识，就无法对英语进行运用。随着学习阶段的不断提升，大学英语词汇和语法教学有了更高的目标，它不仅要求学生掌握基本的英语词汇和语法知识，更要求学生掌握一定的文化知识，因为文化与语言之间的关系十分紧密，这样可有效提高学生的英语综合能力，培养学生运用英语语言知识进行跨文化交际实践的能力。因此，在跨文化交际语境下探究大学英语词汇和语法教学具有重要意义。

语音、语法和词汇是构成英语语言的三个要素。而词汇则是语音和语法的载体，是构成语言大厦的建筑材料。对于外语学习来说，如果学生的词汇量不足，将难以有效地进行听、说、读、写、译活动，交际也就无从说起，因此掌握足够的词汇是成功运用外语的关键。因为文化对词汇有着较大影响，所以大学英语词汇教学应在跨文化交际语境下开展，这样能更加有效地强化学生的词汇能力，提高学生的跨文化交际水平。

一、大学英语词汇教学存在的问题

词汇学习是语言学习的重要一步，所以词汇备受教师和学生的重视，但在大学英语教学中，词汇教学仍存在诸多问题，具体体现在教师和学生两个层面。

（一）教师教学中存在的问题

1. 学生的主体地位被忽视

现代英语教育强调学生是教学的中心，教学中应突出学生的主体地位，而不是教师的主体地位，教师要扮演好引导者的角色，充分发挥主导作用。但现实情况是，这种教学思想并没有得到落实，学生的主体性常被忽视，这种情况在大学英语词汇教学中也体现得十分明显。

大学英语词汇教学应注重对学生智力的开发，重点培养学生的记忆力、观察力、想象力、思维能力及创造能力，但这些并没有引起教师的重视，取而代之的是“教师只顾教，忽视学生学”的不良现象。在具体的教学中，教师常向学生大量灌输词汇含义、词汇规律、词汇搭配等知识，而忽视了学生的感受，没有考虑学生是否感兴趣、是否需要，更没有顾及学生的接收效果。实际上，经过多年学习之后，大学生已经掌握了一定量的词汇内容，也拥有了对词汇规律进行归纳和总结的能力，此时教师应转变教师角色，将主动权交给学生，积极引导学生独立进行思考和归纳词汇规律，教会学生如何学习词汇，这对提高学生的词汇学习能力十分有利。

2. 教学方式单一

词汇学习对英语学习而言至关重要，但词汇的记忆和学习是比较枯燥的，这就需要教师采用多样化的教学方法来改善枯燥的课堂教学现状，激发学生学习的兴趣。然而，在现在的大学英语词汇教学中，教师依然采用传统的教学方式，即教师带领学生读，讲解重点词汇用法，学生记忆单词。这种单一、乏味的教学方式不仅忽视了学生的主体地位，让学生始终处于被动的学习状态，而且也不能有效调动学生的积极性，甚至会引发学生的抵触情绪，教学与学习效果自然无法提高。

3. 缺乏实践

词汇学习的目的并不仅是积累词汇知识，而是运用词汇进行交际，因此交际也最能检验学生词汇的学习情况。在词汇学习过程中，遗忘快是学生普遍存在的问题，虽然学生当时记住了单词含义，但如果长时间不用就会逐渐生疏甚至遗忘。因此，在大学英语词汇教学中，教师应重视学生对词汇的使用，将学生的词汇学习和使用连起来，让学生在听、说、读、写、译活动中加深对词汇的理解和巩固，使学生有效掌握和运用词汇。

（二）学生学习中存在的问题

1. 死记硬背

在英语学习过程中，学生普遍重视词汇的学习，常通过死记硬背的方式来积累词汇，但效果不佳。这是因为学生虽然采用死记硬背的方式一时记住了单词，但一时背下来的单词是很难深刻记忆的，而且容易遗忘。实际上，每个词汇只有在实际的语境中才具有准确、清楚的含义，因此学生应将词汇与语境结合起来理解和记忆词汇，这样记忆才会更加有效。

2. 重数量，轻质量

词汇学习涉及两个方面，一个是数量，另一个是质量，二者是相辅相成、相互统一的。如果只注重数量而质量不佳，那么词汇学习将没有意义：如果保障了质量却没有数量，那么词汇学习将难以进展。质量是数量的基础和前提，数量是质量的表现，只有将两者相平衡，才能实现最佳的学习效果。但长期以来，学生都普遍注重数量而忽视质量，这严重影响了学生对词汇的深刻理解和有效运用，这也是学生产生其他词汇学习问题的根源之一。

3. 重词义，轻用法

学生在学习词汇的过程中常常将大部分精力放在词义的理解上，这最终导致学生只知道单词含义，而不知道单词的常用搭配、习惯表达及相关习语等，进而在口语表达和写作中不能准确地使用，造成学用脱节。

二、文化因素对大学英语词汇教学的影响

语言是文化的折射镜，通过一个民族的文化可以窥见该民族绚丽的文化形态，而一个民族的文化最先通过语言中的词汇表现出来，而不同民族间的文化差异在词汇上的表现也最为明显。因为文化的不同，英汉词汇的内涵与外延都有着极大的不同，这种差异也对英语词汇的学习及教学有着重要的影响。

（一）英汉词汇的概念意义相同或相似

同一个词在英汉语言中可能有着联想意义和指示意义相同或相似的情况。例如，fox英汉语言中既有“狐狸”的意思，又有“奸诈，狡猾”的意义。再如，swan在英汉语言中既有“天鹅”的意思，又有“高雅的人或物”的意思。但是，在英语中，swan还表示“才华横溢的优秀诗人”。在英语词汇教学中，当遇到这种词汇时，教师应详细讲解它们的联想意义和指示意义的相同和不同之处，让学生清楚它们的异同，进而掌握它们的具体应用情况。

（二）英汉词汇的概念意义相同，但内涵意义不同

即使英汉词汇的概念意义相同或相似，但是因为有些词汇的文化背景不同，而形成了

不同的文化内涵。例如，peasant一词在英语中主要指素质低下，没受过良好的教育、言行粗鲁的人；但在汉语中其仅用来指在农田里劳作、干活的人。再如，politician在英语中指牟取个人私利、使用诡计、不择手段的政客；但在汉语中仅指从政的人。因此，在英语词汇教学中，教师在讲解词汇的概念意义的基础上，也要注意讲解其内涵意义，使学生更准确地使用所学词汇。

（三）只在英汉某种语言中有特定文化内涵的词汇

有的词汇在特定的文化中有着特定的文化内涵。以植物词汇为例，英语中一些植物的名称有着独特的联想内涵，如英国的yew（紫杉）通常在墓园中种植得较多，所以含有一种悲哀的情绪；lily（百合花）在西方人看来就是大自然的恩赐，一般用于象征纯洁、高贵、完美无瑕，但它在汉语中仅为一种植物的名称。

汉语也常常用植物抒发一些特殊的情感，不同植物的特定形态和习性往往可以引发不同的联想。例如，红豆有相思之意。红豆生南国，春来发几枝。愿君多采撷，此物最相思。可见，诗人赋予红豆一种浓厚的感情色彩。再如，成语“胸有成竹”主要表达坚定的决心和信念，并且“竹”本身也代表崇高、坚定和谦逊的品格和情操。

此外，一些来自古希腊神话、古罗马神话及汉语文学作品中的词汇有着特定的文化内涵，所以应该基于特定文化背景了解它们的文化内涵。例如：英国小说《大卫·科波菲尔》中的人物Micawber，主要指没有长远打算、期待好运气的乐天派。

由于文化具有独特性，因此也会出现一种词汇在另一语言背景下属于语义空缺，即“词汇空缺”的现象。这种空缺的词汇常常会使处于另一种文化背景的使用者很费解。例如，英语文化中的Nazi（纳粹），hippie（嬉皮士），montage（蒙太奇）等虽然可以用汉语表达，但一般都是音译或假借而来的，其实在汉语中并没有真正的对应词汇。学生习惯了通过寻找相对应的词义来学习英语词汇，而这种词汇空缺现象必然会对学生的英语词汇学习造成影响，自然也会对大学英语词汇教学造成影响，因此这种现象应引起教师和学生的重视。在具体的大学英语词汇教学中，教师应采用英语释义法对这些词语进行讲解，即详细说明它们在英语中的含义及使用情况，以使学生对它们的概念和意义有一个清晰的认识，为将来语言交际中的使用奠定基础。

三、跨文化交际语境下大学英语词汇教学的原则

为了更加有效地组织词汇教学活动，促进词汇教学的进步，提高学生的词汇能力，并培养学生的文化素养和跨文化交际能力，跨文化交际语境下的大学英语词汇教学应遵循以

下几项科学的教学原则。

（一）目标分类原则

在大学英语词汇教学中，教师应遵循目标分类原则，即以学生的具体需求、学习特点等为根据确定词汇学习的目标。具体而言，大学英语词汇的学习目标包括过目词汇、识别词汇和运用词汇三类。

①过目词汇指的是在表达过程中起配合作用的词汇。在学习过程中，学生只需要大体了解这类词汇即可。

②识别词汇指的是能够帮助语境理解的词汇，学生在阅读过程中可以通过上下文等手段了解其含义。针对这种词汇，学生只需要了解其语义即可，不需要掌握词汇的属性与用法。

③运用词汇是学生词汇学习的重点，使用频率较高。但需要指出的是，不同的专业、不同的行业其语言使用的侧重点不同，因此运用词汇也会有所差异。

可以看出，英语词汇教学并非让学生掌握全部的词汇，这是不现实的，也是没有什么效率的。教师应该结合词汇教学目的，让学生有选择性地积累一定的词汇，在掌握所需词汇的同时节省学习时间。

（二）词汇呈现原则

在词汇教学过程中，词汇的呈现是首要步骤。由于词汇呈现能够给学习者留下词汇的第一印象，因此在很大程度上影响着学生词汇学习的兴趣。鉴于此，词汇教学过程中应该遵循词汇呈现原则，坚持呈现的情境性、趣味性和直观性。

情境性指的是在词汇呈现过程中将词汇置于一定的情境当中，让学生在不同的情境中了解词汇的意义。趣味性指的是词汇呈现可以采用多种方式与多种形式进行，从而吸引学生的词汇学习兴趣。直观性主要针对物质性名词，教师可以利用实物、道具等展示具体词汇。

词汇呈现对后续词汇教学与吸收有着重要的影响，教师可以从具体的学生情况、教学条件等角度出发丰富词汇呈现方式。

（三）循序渐进原则

循序渐进原则是指英语词汇教学应该在数量和质量平衡的基础上对所教内容逐层加深。在循序渐进原则的指引下，英语词汇教学并不能单纯追求词汇掌握数量，也应该重视词汇掌握的质量与熟练程度，应该做到在增长词汇数量的基础上，提升词汇使用的熟练程度。

在大学英语词汇教学中，质和量是分不开的，词汇越多，词汇之间的联系性与系统性就越强，学生进行词汇巩固的自然度就越高。所谓逐层加深，指的是对于词汇的教学不可能一次性教授词汇的所有语义，学生也不可能一次性掌握全部知识点，因此词汇的教学与学习都应该有一个由浅入深的过程。

综上所述，词汇教学过程一定要避免急于求成。教师要在教学中让学生不断掌握每一个词的音、形、义、用，教学有一定的质量和效果，程度不断推进与加深，如此才能不断提升英语词汇教学质量，并使学生在点滴中提升词汇学习的效果。

（四）联系文化原则

英语词汇教学的目的是为日后的跨语言交际服务，因此教学的展开需要遵循联系文化原则。语言是文化的载体，词汇则是语言的基础。因此，在词汇教学过程中在词义、结构方面都应该和语言背后的文化相联系。在不同的语言文化中，即使存在概念意义相同的词汇，在具体使用和表达意义方面也可能存在着很大的差异。

对于语言文化的理解有助于加深学习者对词汇的理解，并使学习者能够掌握词汇演变的规律，更加全面、有效地使用词汇。例如，news 一词是由 north，east，west 和 south 每个词的首字母构成的。了解了这一点，学生就不难理解其含义为什么是“新闻”了：news 是来自四面八方的消息。

英语词汇教学的展开需要在遵循上述语言教学普遍规则的基础上展开，从而使教学在整体框架中进行。

（五）回顾拓展原则

回顾拓展原则是对之前词汇教学的深化。在具体的教学过程中需要教师结合新教授词汇和已教授词汇，从而夯实学生词汇掌握效果，同时让学生接触新的词汇知识。需要注意的是，词汇知识的回顾是为了词汇的拓展服务的。教师需要拓宽学生的词汇接触面，增强学生对词汇的理解程度，在原有词汇基础上提升学生的语言运用能力。

词汇教学过程中教师需要把握好回顾拓展原则的界限，教学的进行需要考虑学生的具体词汇接受程度，否则无效的词汇拓展只会加深学生理解的难度，降低学生对词汇学习的兴趣。

（六）词汇运用原则

词汇学习的目的是词汇的使用。词汇运用原则要求教师在教学过程中要注意词汇使用知识的传授。这就是说，教师不能仅对词汇基本含义进行介绍，还应该从语境和语言运用的角度让学生理解词汇的具体用法。遵循词汇运用原则的词汇教学应该注意以下几个方面的问题。

①词汇运用活动的设计应该符合学生的特点。

②在词汇教学过程中应该培养学生的词汇联想能力。

③词汇教学过程中要注意词汇练习，保证练习的质量，切实有效提升词汇运用效果。

四、跨文化交际语境下大学英语词汇教学的方法

鉴于中西方文化差异对英语词汇课堂教学的影响，在具体的教学中教师应根据教学对象灵活选用教学方法，培养学生的文化素养，提高学生的词汇能力。

（一）文化教学法

在具体的大学英语词汇教学中，教师可以采用文化教学法开展教学，即在英语词汇教学中融入词汇知识，以丰富学生的文化知识，提高学生的词汇运用能力，具体教师可采用以下几种方法开展文化教学。

1. 融入法

在我国，学生主要是通过课堂教学学习英语的，平时很少有机会接触英语环境，在遇到与课文相关的文化知识时，往往会非常迷惑。此时，教师就要积极发挥其主导作用，采用融入法在课堂教学中融入一些英语文化知识，即在备课时精选一些典型内容与教学相关的文化信息材料，将它们恰到好处地运用到课堂上，以增加课堂教学的知识性、趣味性，活跃课堂气氛，加深学习内容的深度和广度，激发学生的求知欲。例如，对于the Big Apple这一表达，学生基本知道其字面含义，也有部分学生知道其是纽约市的别称。但它为什么被作为纽约的别称呢？对此，教师就可以融入美国的历史文化，这样可以使学生对英美文化有充分的认识。

2. 扩充法

课堂教学时间毕竟是有限的，因此教师可引导学生进行自主学习，即充分利用课外时间来扩充词汇量，丰富词汇文化知识，具体可采用以下几种方式。

（1）推荐阅读

词汇的文化内涵是极其丰富的，涉及生活的方方面面，教师在课堂上不可能讲授所有相关的文化知识，因此为了扩大学生的知识面，丰富学生的词汇文化知识，就可以有意识地指导学生进行课外阅读。教师可以选择性地向学生推荐一些有关英美国家社会文化背景知识的优秀书刊，如《英语学习文化背景》《英美概况》及 China Daily 等，还可以引导学生阅读英文名著，让学生深刻体会英美民族文化的精华。这不仅能培养学生的自主学习能力，还能丰富学生的文化知识，扩充学生的词汇量。

（2）开展实践活动

跨文化意识的培养不能仅仅依靠知识的灌溉，还要依靠大量的实践活动，通过实际交际来感受不同文化间的差异，从而形成对文化差异的敏感性，并在交际实践中调整自己的语言理解和语言产出。因此，教师应积极为学生创设情境，鼓励学生积极参与实践活动，从而丰富学生的词汇文化知识。例如，教师可以鼓励学生参与英语角、英语讲座等，让学生置身于英语环境中，感受和学习英语文化知识。

（3）观看英语电影

很多英语电影都蕴含着浓厚的英美文化，而且语言通俗、地道，因此教师可以引导学生观看一些英语电影。观看英语电影不仅能调动学生的积极性，而且能让学生切实感受英美文化，接触地道的英语，这对于提高学生的文化素养和英语能力十分有利。

3. 对比分析法

英汉文化间有着很大的差异，只有通过文化对比，才能了解英语和母语语言结构和文化间的差异，从而获得跨文化交际的敏感性。因此，在英语词汇教学中，教师应有意识地对中西词汇文化进行比较分析，使学生了解中西词汇的文化差异，深刻理解和掌握词汇文化的内涵。

例如，教师可以通过对学生讲述及对比中外美食的差异，来达到学习内化有关食物（food）、食材（material and stuff）、味道（flavor and taste）、质地（texture）的英语词汇的目的。具体而言，教师课前要求学生自行观看《舌尖上的中国》（A Bite of China）、《食神》（The God of Cookery）等视频及影片，并根据视频及影片中的英文字幕了解相关内容及词汇表达，并制作 PPT，然后在课堂上以小组为单位进行讨论，要求学生根据之前观看的视频及影片内容同时结合课内单元所学的词汇把单词罗列出来，并通过网上搜索的形式进行补充、汇总。接着教师呈现一些单词，单词可以以图片结合文字、实物等形式用 PPT 在投影上展示，在规定的时间内让学生熟悉。另外，教师还要为学生提供一些重点句型，如 This is my favorite；Why don′t we 等，进而要求学生将关于中国美食（包括地方美食）、欧美地区美食、东南亚美食、拉美及南美地区美食及饮食文化习惯的词汇进行归类，以小组为单位，利用多媒体教室的计算机对之前做的 PPT 进行修改补充。

之后，将学生分为四人小组，或让学生自行组成四人小组，可以结合自身的旅游经历，运用之前补充并学习的词汇来描述国外美食、中华传统美食包括家乡地方美食，并谈论自己喜爱的食物，或进一步运用词汇和短语讨论美食与健康养生之间的关系。

教师鼓励学生主动到讲台上结合 PPT 内容，向全班做 presentation，描述中外各国美食并发表自己的看法。最后，师生共同参与，选出优秀 presenter 并给予奖励。

这样的教学为学生提供了充分运用名词、形容词等词汇及各种短语来描述中西方美食及饮食文化的机会，并在拓展阶段进一步探讨多元文化环境下不同美食和饮食文化的差异及中西方对饮食养生的观念差异。在整个教学环节学生以小组为单位，围绕不同国家美食文化和饮食养生的主题进行合作与探究，明确了学生的主体地位。学生在小组互动交流和课堂展示的活动环节中，通过交际任务不仅复习和巩固了相关文化词汇，还使学生能够运用语言做事情，最终使学生的词汇学习和运用达到统一，学以致用。

（二）词汇游戏教学法

随着计算机和网络技术的迅速发展并得到广泛应用，网络游戏改变了单一的人机对话方式，开始逐步强调人性交流，伴随着计算机网络技术发展而迅速发展起来。网络游戏为游戏者提供了一个逼真、互动、多样、平等的虚拟世界，它作为一种新的教育方式迅速普及和发展起来。

随着网络游戏在教育领域的发展，出现了很多的教育游戏软件，学生可以在玩游戏的过程中理解和掌握需要学习的单词。学生通过运用这些词汇教育游戏软件，可以在游戏的语境中练习各类单词的发音、拼写、记忆等。词汇教育游戏的广泛应用，有利于提高学生学习英语词汇的乐趣。游戏能为学习者提供和创设自然丰富逼真的学习环境，激发学习者的兴趣，使学习者在愉悦的氛围中不自觉地掌握知识。学习者以游戏的心态投入学习中来，效果是可想而知的。

具体而言，教师应用游戏来改进传统词汇教学模式的弊端。传统的词汇教育方式一般是教师先读单词，之后学生跟着读，接着教师逐个讲解单词的含义，学生在学习单词的过程中一直处于被动的状态。然而通过运用英语词汇教育游戏进行英语课堂教学，有利于转变传统的词汇教育模式。生动活泼的小游戏能够使学生更好地理解和掌握自己所学的词汇，从而快速、准确地熟悉各类短语和对话，主要通过人机交互或者人人交互来很好地将学习到的知识积极地吸收。词汇教育游戏的教学方式有利于克服传统词汇教学方式单调陈旧和课堂组织形式保守等各种弊端。

此外，教师可应用词汇教育游戏，为学生创设真实、地道的英语词汇学习环境。一方面，以多媒体作为主要载体的教育游戏能够为学生创造良好英语学习的环境，学生学习时可以有真实、地道的语音资料，配以原汁原味的英美文化插图、游戏，让学生有种身临其境的感觉，好像学生本身已经到达了遥远的大洋彼岸，会不自觉地将自己置身于英语语言环境中学习英语词汇。另一方面，学生可以在玩游戏的过程中体验西方文化，加深对中西文化差异的理解。教育游戏可以为学生学习英语提供非常感性的材料，教育游戏可以将学生学习的背景文化设计成各种游戏情节，学生在体验游戏的同时，加深对西方背景文化的全面了解，在快乐的游戏中完成既定的教学目标。

需要注意的是，任何事物都具有两面性，教育游戏也是如此。教育游戏不仅有积极的一面，利于给学生创造真实的语言环境，从而学习英语词汇；还有消极的一面，由于很多青少年缺乏自我约束力和控制力，导致长期沉溺于网络游戏的虚拟世界中，危害他们的身心健康，对正常的学习也会造成很大的消极影响。因此，在运用游戏软件进行英语词汇教学的过程中，教师需要辩证地看待游戏的应用。

第二节 跨文化交际语境下的大学英语语法教学探究

语法是语言中的词、词组、短语及分句的排列规则、规律和方式，要想掌握一门语言，就必须掌握其语法规则。语法的学习是为了跨文化交际服务的，所以在大学英语教学中，教师除了教授学生语法知识外，也应不断丰富学生的文化知识。

一、大学英语语法教学存在的问题

虽然语法是大学英语教学的基础，对学生的英语学习起着重要的促进作用，但在教师的语法教学和学生的语法学习中仍存在着很多问题，教学和学习现状并不佳。

（一）教师教学中存在的问题

1. 忽视语法的重要性

语法对于英语学习的重要性是不言而喻的，但在大学英语教学中，很多教师认为学生已经基本掌握英语语法，从而“淡化”语法教学，轻视语法的重要性。实际上，虽然大学生已学习多年语法，但学习时间长并不代表学得就好。此外，虽然英语考试中没有直接针对英语语法的题目，但任何句子的分析都离不开语法，尤其是在阅读中，语法贯穿于英语考试的始终，在考试中占据着很大的分值。对此，教师不应忽视语法教学的重要意义，应对语法教学加以重视，激励学生积极地学习语法。

2. 教学方式单一，忽视文化教学

英语语法复杂烦琐，学习起来也枯燥乏味，所以大部分学生对语法学习不感兴趣。要改善这种情况，教师就需要采用创新性的教学方式，使枯燥的语法学习变得生动有趣。然而，在实际的大学英语语法教学中，大部分教师仍采用传统的教学方式，即先讲解语法概念和规则，然后做相应的练习。在这样的教学模式中，教师占据着主体地位，学生只能被动地接受，这不仅不符合现代教育的思想，也无法激发学生的积极性，更不能有效培养学生的语法能力。

此外，教师也没有将语法教学与文化教学结合起来，这样无法使学生明白因文化差异而造成的英汉语法差异，不利于学生深入了解和掌握语法知识。

3. 忽视语言情境

即使到大学阶段，英语语法教学仍然是在汉语环境下进行的，学生接触英语情境的机会很少。语法学习仅仅是一种手段，其最终目的就是将其应用于实际的生活中解决语言的交际问题。语法教学并不仅仅是为学生掌握语法知识服务的，而是为学生的跨文化交际服务的。但我国大学英语语法教学的一个显著问题就是教师在教学中将具体语法知识条目意义的理解和功能运用与语境割裂开来，使学生难以准确理解某个语法知识点适用于哪种语言情境，这对学生有效掌握和运用语法知识是非常不利的。

（二）学生学习中存在的问题

1. 对语法缺乏敏感度

因长期在汉语环境下学习英语，学生深受汉语思维的影响，缺乏对英语语法的敏感度，这一问题在改错和写作中表现得十分明显。改错在英语考试中是非常常见的题型，但学生普遍惧怕改错题，因为改错题中出现的错误也是他们经常犯的错误，所以他们很难发现题目中的错误所在。此外，学生在英语写作中也常出现语法错误，这也是因缺乏语法敏感度而造成的。

2. 缺乏有效学习方法

在英语语法学习中，很多学生都没有掌握有效的方法，这使得他们掌握的语法知识太零散，没能形成完整的体系。在语法学习过程中，学生往往十分被动，通常是遇到新的语法问题时才会去学习。而且，学生在学完一篇文章之后，就将文章中的语法知识抛在脑后，这对于学生有效掌握语法知识十分不利。

二、文化因素对大学英语语法教学的影响

因生活环境、历史文化、思维方式的不同，不同文化背景下的人们在组织语言时会有其独特的习惯。就语言中的语法而言，语法中的句子结构因受文化因素的影响也会出现很大差异。

英语语法是语言交流的基础，没有语法就无法说出正确的句子，也就无法表达意图：只懂语法而对文化一无所知同样也会造成语言交流的障碍，二者之间是一种相辅相成的关系。语法学习可以促进语法能力的提高，语法能力的提高可以有效地传播文化内涵。

如果不了解英汉语言在结构上的差异，就很可能按照汉语思维来表达英语句子，进而出现很多的语法问题。下面就来体会一下英汉语法的差异。

（一）构建方式的文化差异

1. 英语注重形合

形合是指语法手段是英语句子之间的主要连接方式。

具体来说，以形显义是英语句法的重要特征。为了满足句义表达的需要，有时应将句子中的词语、短语、分句或从句进行连接，英语常采取一些语法手段，如关联词、引导词等，以此来从意义与结构两个方面实现句子的完整性，包含宾语从句、条件状语从句及两个定语从句。尽管具有较为复杂的结构，其内在的逻辑关系却十分清晰，这正是英语形合的典型特点。

2. 汉语注重意合

意合即句间与句内的联系主要依靠意义之间的逻辑关系。

与英语中的以形显义形成鲜明对比的是，汉语往往呈现形散神聚的特征。具体来说，顺序标志词、逻辑关系词等明显的连接形式在汉语中较少出现，句子的含义常常通过动词来表示，且读者往往需要进行积极思考才能将句子的内在逻辑关系梳理清楚。

（二）重心位置的文化差异

句子的长短具有伸缩性，但无论长短，英汉句子都有一个重心，即主要观点或重要信息，通常包括结果、结论、事实、假设等内容。需要特别说明的是，因为中英两个国家具

有不同的价值观念与思维习惯，句子重心在汉英两种语言中的位置往往存在明显差别。

1. 英语句子的重心位置

开门见山是典型的英语表达习惯，因此思想、感情、态度、意见等内容常常在句子的开头部分进行表达，这主要是由于受到直线型思维方式的影响。可见，英语句子常采取前重心，即重要信息常常位于前面，具体有以下几种表现方式。

①在需要对逻辑思维进行表达时，通常将结论、判断等前置，将事实、前提、条件等后置。

②在表态与叙事并存的情况下，通常将表态部分看作重要信息，将叙事部分看作次要信息。因此，表态部分常前置，叙事部分常后置。

③在需要叙事的情况下，通常将事件前置，将事件的背景后置；将最近发生的事情前置，将过去发生的事情后置。

2. 汉语句子的重心位置

汉语句子常采取后重心，即将重要信息在结尾处进行表达。这主要是由于中国人更倾向于螺旋型的思维方式，因此表述时常以逻辑顺序或时间顺序为线索，具体有以下几种表现方式。

①当需要对逻辑思维进行表达时，通常将事实、前提、条件等前置，将结论、判断等后置。

②在表态与叙事并存的情况下，通常将叙事部分看作重要信息，将表态部分看作次要信息。因此，叙事部分常前置，表态部分常后置。

③在需要叙事的情况下，通常将事件的背景前置，将事件后置；将过去发生的事情前置，将最近发生的事情后置。

（三）语态的文化差异

1. 英语语态

从语态上来看，英语句式中常使用被动语态，通常包括以下几种情况。

①无从说出动作的实施者是谁。例如：

You're wanted on the phone.

你的电话。

②实现语气委婉、措词得当的表达效果。例如：

Visitors are requested to wear formal clothes.

来宾请穿正装。

③实现上下文的衔接与连贯。例如：

Mike′s idea is shaped by, and shapes, his sister′s idea.

迈克的思想受他姐姐的影响，同时又影响了他姐姐的思想。

④没有必要说明或不知道行为实施者。例如：

All the girls are asked to form a line.

请所有的女孩站成一队。

⑤动作的对象是谈话的中心话题。例如：

The task has been finished.

任务已经完成了。

2. 汉语语态

由于受到思维习惯的影响，中国人对“悟性”十分注重，且非常强调个人感受与“事在人为”。因此，汉语不常用被动语态，而常使用“主题—述题”结构。具体来说，汉语常借助词汇手段来表达被动的含义，具体包括以下两种。

①“受”“被”“让”“挨”“遭”“给”“加以”“为……所”等带有明显形式标记的被动式。例如：

我们挨了半天挤，什么热闹也没看到。我的建议被否决了。

该计划将由一个特别委员会加以审查。

②无形式标记的被动式，其在主谓关系上带有被动含义。例如：

每一分钟都要很好地利用。那种说法证明是不对的。

值得一提的是，无主句是汉语中的一种习惯句型。尽管无主句在形式上没有主语，当其处于不同语境中时却可表达明确、完整的语义。例如：

一致通过了决议。

为什么总把这些麻烦事推给我呢？

汉语在表达思想时，习惯说出行为动作的执行者。因此，汉语常使用人称表达法。具体来说，在不能确定人称的情况下，常采用“大家”“别人”“有人”“人们”等泛人称句。例如，“人们有时会问……”“有人指出……”“大家知道……”等。

由上述内容可以看出，因为文化背景的不同，英汉语言中的语法存在很大差异，这些差异影响着学生对语法的理解和使用。所以，在大学英语词汇教学中，教师不仅要讲授语法知识，还要讲授部分文化内容，让语法与文化相结合，提高学生的语法知识水平和运用语法知识及进行跨文化交际的能力。

三、跨文化交际语境下大学英语语法教学的原则

在跨文化交际语境下，大学英语语法教学应遵循一定的原则，以使教学更加科学有效。

（一）以学生为中心原则

以学生为中心的教学倡导教师的一切教学工作都要围绕学生的需求而进行。语法教学作为英语教学的重要组成部分，同样必须遵循以学生为中心的原则。根据建构主义理论的观点，学习不是单纯接受知识的过程，而是学生一起参与各种学习活动的过程，在这一过程中，外部语言输入固然重要，但是学生个体在社会交际活动中对输入的处理、转换和内部生成在语言学习中更加重要。换句话说，学生在英语学习中才是主体。对教师来说，他们不是简单地传授语言知识，而是要为学生提供更多的语言运用的锻炼机会。据此，教师可以相应减少语言知识的传授，增加语言应用活动，将语法课堂教学从讲授知识为主转向展开应用活动为主。

（二）循序渐进原则

通常，人们对事物的认识和掌握并不是一次完成的，而是会经历一个由浅入深、由简单到复杂的变化巩固过程。学习语法也要经历这样一个过程，只有经历了多个阶段的重复、巩固和完善之后，才能彻底掌握语法。根据这一规律，教师在教学中就要遵循循序渐进原则，即遵循由表及里、由一般到特殊的原则开展教学。此外，教师在教授语法点时要不断地循环往复，这种循环往复并不是简单的重复，而是根据具体情况有变化的重复，以使学生在“认识—理解—掌握—运用”的过程中掌握语法。

（三）真实原则

真实原则与交际原则是相辅相成的。语言学习的目的是交际，而现实中的交际却是真实的。因此，语言教学需要遵循真实性原则，语法教学具有真实性，是指学生在言语活动中感受语法时，语法不再只是一些抽象的规则，而是活生生的交际生活中一个必不可少的组成部分。真实性既能提高学生的学习兴趣，也能让学生在真实情境中提高语法技能。

（四）系统原则

我国的英语语法教学普遍存在系统性不强的问题。语法教学的系统性不强，使学生机

械、孤立地记忆语法知识，对一些相近概念掌握较模糊，容易混淆，导致学生即使在学习了多年英语之后，在口语和书面语写作上仍然容易犯各种初级错误，如人称错误、时态错误等。

实际上，语言并不是杂乱无章的，语法知识尤其如此，看似庞杂无序、零散孤立，实际上有自身内在的规律。因此，语法教学也要遵循系统原则，让学生不但学会、牢记一个个语法项目，而且还能注意各语法项目之间的关系，从而建立一个语法知识体系。

（五）精讲多练原则

在具体讲解语法规则时，应减少冗赘表述，力求所讲之处切中要害，避免使用一些专门术语，而应尽可能地使用一些形象、直观的方式，应充分利用教具，使学生从“懂语法”到“会语法”。在精讲之后，教师通常还要借助大量的练习，并且练习的方式应确保丰富、多样。例如，可采取英汉互译、改错及应用性写作等训练方式。此外，在具体进行举例时，应与学生的现实生活和工作贴近，并具有鲜明的时代特点，尽量避免使用一些陈旧的例子，且所选择的例子应尽可能有利于激发学生思维的积极性，促使学生主动参与教学活动。同时，教师还应注重培养学生对结构的辨识和运用能力，让他们学会在运用中掌握规律。

（六）情境性原则

在语法教学中还要坚持情境性原则。换句话说，要重视语法在现实生活中的灵活运用。为此，教师应多注意收集学生感兴趣的话题，并将它们设计成相应的情境，通过生动活泼的语言呈现给学生。教师还可以借助时事、新闻等进行编排，为学生练习语法提供生动真实的材料。

（七）交际原则

在大学语法教学中坚持交际原则有助于为听、说、读、写、译技能的发展提供支持，为学生语言综合运用能力打下基础。为了贯彻交际原则，教师在语法教学中可以从以下两点入手。

①引导学生多阅读，坚持阅读多多益善的原则，因为通过阅读学生可以体会到语法的生命力在语言中，也能够切身体会到语法在语言中所起的具体作用。

②通过模拟情境进行模拟交际。在必要的语法操练基础之上，教师应尽可能地创设交际性语言环境，运用实物、图片、幻灯、动作、表演等设备，创造真实或半真实的交际活

动，使学生在活动中感知、理解和学习语言，发展语法技能。例如，在学习虚拟语气以后，教师可以模拟与此相关的情境，让学生进行模拟交际练习。

（八）文化关联原则

语言与文化紧密相关，因此语法与文化也有着密切的联系。在英语词汇课堂教学中，教师应注意文化因素对学生学习的影响，并有意识地联系西方文化，将英语还原至当时的语境中，以便帮助学生理解和记忆语法知识。总之，在英语语法课堂教学中遵循文化关联原则，有助于学生正确使用英语语法，使他们少走弯路，进而有助于提高语法教学的效果。

四、跨文化交际语境下大学英语语法教学的方法

在跨文化交际语境下，英语语法教学应灵活采用多种教学方法来教授学生语法知识，向学生传授英语文化知识，进而培养学生的语法能力，提高学生的跨文化交际能力。

（一）语法练习法

语法练习法作为语言教学中的一项重要内容，其最终目的也是让学生能够将知识运用到实际，从而更好地培养学生的综合素质和能力，因而就需要教师对语法练习进行科学、合理的选择和设置，有效地组织学生进行语法项目的操练。但是，采用练习法来操练语法项目并不是盲目进行的，而是分阶段进行的，通常需要遵循循序渐进的原则来让学生达到熟练应用的目的。

一般而言，语法练习法包括以下几个步骤。

1. 机械式训练

教师需要通过模仿、替换、不断重复来进行机械式的训练。机械式练习通常要求学生达到不用理解句子的含义就能做出迅速、正确的反应。

2. 内化训练

在完成机械式训练之后，教师可通过造句、仿句、改句、改错、翻译等方式来内化训练，内化训练通常要求学生围绕教学内容进行，要求学生能够达到熟记、理解的程度，并能做出正确的反应。

3. 交际操作训练

在机械式训练与内化训练的基础上，教师可借助场景对话或问答形式之类的口语训练

进行最后的交际操作训练。这种训练方式最终要求学生能将所学的语法知识综合运用，能组织语言并迅速做出反应和回答问题。

（二）语境教学法

语法都是在具体的语境运用中得以呈现的，因而与具体的语境相结合来阐释语法知识也是使用频率比较高的大学英语语法教学方法。学生在语境中对语法规则进行体验、感悟、总结和运用，不仅能够很好地学以致用，而且对提升学生的交际能力也大有裨益。借助语境进行的语法教学有效弥补了传统语法教学中忽视语言环境这一不良的情况，具体可通过以下几种方式来设计语境，有效开展语法教学。

1. 借助多媒体教学手段来设计语境

多媒体具有集图、文、声、像于一体的优势，多媒体可以为语法规则的学习和教学提供使用语言和用语言进行交际的具体语境，并且能够使静态化、枯燥的语法知识变得更加立体、有趣，并能充分调动学生学习的主动性和积极性。因此，在具体的语法教学中，教师可充分利用多媒体创设语境，让学生通过与英语为母语的人士进行交际的过程中掌握语法知识。

2. 借助现实场景来设计语境

英语教学通常也是发生在特定的时空和场合的，是在师生间展开的。一些从表面上看似单调乏味的日常教学实际上也蕴含着一些鲜活的情景语境，因而教师应学会善于发现并对这些现实场景进行充分利用，结合语法规则的特点来设计语境。以祈使句这一语法项目的讲解为例，祈使句的主要功能为表达命令、指示和请求，或者可以用来表示劝告、建议、祝愿和欢迎等意义。在具体的语法教学中，教师可以利用师生、生生间的身份并配合一定场景来开展相应的情境教学。

3. 借助语篇来设计语境

语篇是包含特定语境的各类语法形式的有机组合形式。基于语篇的这一特点，语篇就能够为语法规则的归纳、比较与总结等提供较好的上下文语境。语法教学中的一些常见的语法知识点和项目，如冠词的使用、时态、主谓一致关系和非限定性动词的使用等通常都应置于一定的上下文语境中，只有置于语境中来讲授这些语法知识才能更加充分地体现和理解这些语法项目所蕴含的意义。

就时态教学来看，在传统的语法教学中，都是运用句子来讲授各种时态的，各个时态间相区别的标志也通常是句中所出现的一些标志词，如 just、now、often 等。这种形式的教学其实是有其固有的局限性的，单纯地局限于句子使学生很难全面地掌握某一时态的具体用法，并使学生很难依照语义需要来正确地选择具体的时态。因而，不管句型操练多少遍，如果该时态在某一语篇中的具体语境中出现时，学生也相对会比较难把握和熟练运用这些时态，进而会导致在语法规则的形式、意义和用法等层面产生矛盾。

借助语篇来设计语境，能够让学生在一个比较高的层面上对时态的意义和用法有全面的把握。但是，借助这种方法来教授语法，通常也对教师提出了更高的要求，需要教师精心地设计和选择语篇，并做好充分的备课。

（三）网络多媒体教学法

利用网络多媒体等先进的教育技术有利于在语法教学中创造轻松、愉快的气氛，降低学生的学习焦虑，并有效调动他们的学习积极性，使他们积极进行思考，提高思辨能力与学习效果。具体来说，在语法教学中采取网络多媒体教学法可从以下两个方面入手。

1. 利用课件呈现语法知识点

教师可充分利用网络多媒体课件，将语法知识点、语法句型等呈现给学生，从而通过生动、形象的输入来帮助学生进行理解与记忆。例如，教师在讲授 listen，watch 等词的一般过去时、正在进行时的时候，就可以将-ed 与-ing 形式用下划线、不同颜色标注出来，或者可以设置为有声导入，这可以集中学生的注意力，还能引导学生对规律进行总结，实现举一反三。但是，对于 see，think 这些特殊动词，可以使用图标的形式展现出来，让学生进行记忆。

2. 采用课后自主拓展模式

网络多媒体环境下的英语语法教学还要求学生课后进行自主学习，如果仅仅依靠课堂的短暂教学是很难掌握的，因此教师应该引导学生在课后展开自主学习。

具体来说，教师可以创建一个讨论组，促使资源进行共享。在讨论组中，教师将预先设计好的指导性问题和相关内容上传进去，学生可以提前进行预习，如果有问题可以提出问题，大家也可以参与讨论。此外，教师可以通过 E-mail 形式进行辅导和交流。这不但可以打破时空的限制，还可以缓解课堂的紧张气氛，让学生更轻松，也可将课堂内容延伸到课堂外。

（四）对比分析法

通过上述内容我们可以看出，文化对语法教学有着较大的影响，对此教师应采用对比分析法让学生明白中西方语言的差异，有效培养学生的语法能力。

我国学生一直都是在母语环境下学习英语的，因此形成了汉语的思维模式，这必定会对英语语言的组织有所疑虑。这主要受文化背景和生活习惯的影响。在这种情况下，英语教师的语法教学就会受到一定程度的阻碍。

此时教师如果了解了学生学习语言的规律，就可以在语法教学课堂上采用对比分析的方法进行教学工作。教师应该使学生意识到文化差异对语言形成的重要影响作用，从而使学生了解英汉语言之间的差异性，这样便能在发挥汉语学习正迁移的前提下，使学生掌握具体的英语语法知识。

英语注重形合，因此在句式组成中习惯将重点提前，在例句中便形成了主语凸显的结构。汉语注重意合，主要关注句子表达的含义，因此在上例的翻译时凸显了主题。

这样便能在发挥汉语学习正迁移的前提下，使学生掌握具体的英语语法知识。总体而言，鉴于语言与文化的密切关系和相互作用，大学英语词汇和语法教学应在跨文化交际语境下开展，应充分考虑文化因素，将语言教学与文化教学相融合，进而提高学生的词汇和语法能力，为将来的跨文化交际做好准备。

第三章 跨文化视域下大学英语听力和口语教学

第一节 跨文化交际语境下的大学英语听力教学探究

听力与口语都是英语的重要技能，听力属于输入技能，口语属于输出技能。在跨文化交际语境下，大学英语听力与口语教学的主要目的不仅是提高学生的听力与口语水平，更是培养学生的跨文化交际意识，提高学生的跨文化交际能力。

一、大学英语听力教学存在的问题

（一）应试教育倾向明显

我国传统英语教学应试教育的思想一直影响着教师的教和学生的学。这种影响在听力教学中体现得尤为明显。具体来说，对很多学生来说，他们学习听力的目的就是在期末听力测试中能通过。只有很少一部分学生进行听力训练的目的是获取更多信息，学到更多语言知识。这种应试思维给学生带来的直接影响就是其对英语听力缺乏天然的兴趣，学习听力只是为了应付考试，而没有真正意识到学习听力对其他技能如读、写的重要性。长此以往，学生的语言综合运用能力得不到训练，教学效果也就得不到有效提升。

（二）教师引导不当

应试倾向对学生听力学习有不良影响，不仅如此，应试教学倾向对教师的听力教学也有负面影响。具体来说，教师大多将教学重点和精力放在如何帮助学生应付考试上，因此总是以考试的方式训练学生的听力能力。这就使得教师不注意对听力内容的讲解和传授，尤其是对于其中涉及的一些文化背景知识略过不提，这使得学生在听力过程中障碍重重，这样不仅达不到听力教学的效果，反而使学生丧失了对听力教学的信心。此外，有的教师走向了另一个极端，即在让学生听录音前给予过多的引导，导致学生不用太认真听就能选出正确答案。因此，对教师来说，很重要的一点就是对学生进行适度的听前引导，帮助学生切实提高听力水平。

（三）学生欠缺文化背景知识

我国很多学生不仅对听力学习缺乏足够的兴趣，也缺乏一定的文化背景知识，这导致学生在听力过程中频频出错。众所周知，从某种程度上来说，学习英语就是学习英语文化，如果对英语国家的文化不甚了解或只知一二，知其然不知其所以然，那么就会给听力活动带来很大影响。因此，对教师来说，在对学生进行听力训练的过程中，要及时向学生传授或讲解相关文化背景知识，同时提醒学生注意听力材料中的文化因素，扫除听力中的文化障碍。

二、文化因素对大学英语听力教学的影响

（一）词汇差异对大学英语听力教学的影响

英语词汇是听力理解的基础，很多词汇都有着丰富的文化内涵。因此，听力过程中必然涉及对词汇及其含义的编码与解码。但是，听力过程很短暂，学生听的机会转瞬而逝，因此学生需要在极短的时间内快速进行编码和解码。此时，如果学生不了解词汇的内涵，而是受母语思维的影响，就会容易造成文化的负迁移。例如，drugstore 和 grocery 的字面意思是“药店”和“杂货店”，但实际上它们与汉语中的“药店”和“杂货店”不完全相同。因此，学生需要了解词汇及其背后的文化背景，才能顺利进行解码。

（二）语篇差异对大学英语听力教学的影响

语篇差异对学生听力的影响也是显而易见的。学生在听力中经常会遇到这种情况，一段话每个单词都听明白了，但是仍搞不清楚语篇所表达的意思。其实，这正是学生不了解语篇文化内涵的表现。

鉴于词汇和语篇差异对听力教学的重要影响，教师在听力教学中应向学生多介绍中西词汇和语篇间的差异，并提醒学生多加注意。

三、跨文化交际语境下大学英语听力教学的原则

（一）渐进性原则

在课堂上，学生要多和同学及教师进行口语交流，这是提高自身听力能力的重要途径。但是，在我国的英语教学中，英语课堂大多用汉语进行授课，即使在大学阶段，也很少有教师进行全英授课，学生进行听力训练的机会明显不足。所以，教师在听力课堂中应依据由慢到快、由易到难、由简到繁的原则坚持用英语组织课堂教学、讲解课文。

（二）情境性原则

学生在进行语言学习的过程中通常需要与周围环境进行有效的互动，这样学习会更有效果。而且，学生也只有在自然、舒适的环境下，才能同环境产生相应的互动，并获得真实的语言体验。因此，听力教学需要遵循情境性原则。需要注意的是，良好的课堂氛围不光需要教师的努力，更需要教师和学生双方来共同营建。良好的氛围是在教学情况发挥作用的前提下，师生双方的需要得到了充分的满足后，而出现的一种心境和精神体验。只有在舒适、自然的课堂氛围中，才能更好地创建一种与学生所学母语接近的自然的语言习得环境。

（三）综合原则

教师应该让学生每次进行听力练习之前明确听力教学的目标，这样学生会在心理上有所准备，而且学生还可以根据不同的听力目标选择不同的听力技巧。单一的听力训练很容易造成课堂气氛的沉闷，使学生失去听的兴趣。因此，要想提高学生的英语听力水平就必须要重视听力与其他三项技能之间的关系，把输入技能训练与输出技能训练有机地结合起来，以提高学生的综合英语水平。

具体来说，在听力教学中可以采取以听为主、听说结合、听读结合、听写结合和视听结合的方式对学生进行综合的听力训练，这样不仅可以丰富听力活动，还能活跃课堂气氛。

（四）适应性原则

英语教学带有目的性，其最终是为了提高学习者的英语使用能力。听力教学也需要以英语教学的终极目标为根据，在教学中坚持适应性原则。

具体来说，教师应该根据学生的不同特点选择难易程度相当的听力材料，并使所选择的听力材料与学生的实际情况相适应。听力材料既不能过分简单，也不能超出学生的实际听力水平。如果材料过分简单，学生会在心理上轻视听力活动，不利于学生听力水平的提高。如果听力材料过难，则会给学生带来很大的听力学习负担，从而产生挫败感和不自信感，长此以往会影响其听力学习的兴趣。此外，根据适应性原则的要求，教师还应注意以下几个方面的问题。

1. 听力材料中的人物关系

听力材料中涉及的人物关系的复杂程度也会在一定程度上影响学生对材料的理解。只有了解材料中人物之间的关系才能提高其听力过程中的针对性。材料中人物关系复杂会使学生在听的过程中分散注意力，不利于其对主要信息的理解。

2. 材料的内容

听力材料的内容选择要与学生的实际生活与知识水平相适应，超出学生的生活与知识水平范围的材料会给学生造成压力。材料必须符合学生所生活的文化背景，文化背景知识的缺乏是妨碍学生理解英语听力材料的重要因素。

3. 语篇信息因素

所谓的语篇信息主要反映在以下两个方面。其中的一个方面是语篇的结构，如果语篇的结构是学生所熟悉或常见的形式，可以采用学生熟悉的语言叙述顺序。但是，如果其结构形式比较特殊，学生在心理上没有形成相应的习惯，一旦出现这样的情况，学生会心情紧张或浮躁。另一个方面是语篇的内容，语篇的内容如果是学生所熟悉的，那么学生拥有自信，表现就会相对比较好，如果学生对语篇内容不是特别熟悉，则容易因为胆怯而表现欠佳。语篇内容中的重要信息量也会对学生的听力效果产生不良的影响，听力材料的信息量越大，从中提取重要信息的难度系数相应地也就会越大。

4. 语言方面的因素

这一因素具体包括时间变量、语音、词汇和句法。葛里费兹将时间变量总结为——语速、停顿和迟疑。这三个方面都会影响英语听力的效果。语速过快或者过慢及语言的停顿和迟疑都会对学生的理解造成影响。例如，过快会导致听者来不及反应，过慢会给听者带来不必要的心理负担，且句子的停顿和迟疑等有时会给人不真实感，容易使学生产生厌倦心理。

四、跨文化交际语境下大学英语听力教学的方法

（一）任务型教学法

任务型听力教学法十分强调听力学习任务的真实性，通过完成真实的听力任务来提高听力理解能力，这不仅能够有效培养学生的合作意识和探究精神，而且能不断提高学生对听力学习策略的应用能力。听力任务一般包括以下几种类型：列举型、排序型、分类型、比较型、问题解决型、分享个人经验型、创造型。具体来说，任务型听力教学法有以下几个实施步骤。

1. 听前阶段

这一阶段也可以理解为准备阶段，即教师通过各种方法帮助学生激活背景知识，同时确立听力目标，并让学生对相应的语言形式、功能进行训练，帮助学生建立新图式或激活学生头脑中已有的图式，以更好地理解听力材料。

2. 听中阶段

这一阶段是听力的关键阶段，对教师来说，这一阶段则是最不可控的阶段。教师要充分利用本阶段的特点，在学生的听力中训练其各种与听力相关的能力，不断提高其对信息的理解和运用能力。

3. 听后阶段

这一阶段的主要任务是巩固所学知识，其练习活动应该是测试学生对听力材料的理解，而不是考查学生的记忆。在这个阶段，学生应该通过听后说、听后写、听后填表、听后进行创造性的语言输出等方法，通过完成多项选择题、回答问题、做笔记并填充所缺失的信息、听写等方式评估听力效果，达到巩固听力信心和技能的目的，同时为日后的英语学习奠定基础。

（二）微技能教学法

听力能力的培养需要借助一定的微技能，它们是听力有效进行的基础和保障。在具体的听力教学中，教师有必要向学生介绍一些常见的听力技能。

1. 猜测词义

猜测词义是听力微技能教学的重要方式。在听力实践过程中，听者很难完全听明白材料的每一个词，此时就可以通过上下文等进行词义猜测，从而更加顺畅地理解材料内容。

在听力实践过程中，切勿一有生词就打断思路，应该从整体听力活动入手，综合使用词义猜测技巧，保证听力活动的进行。

2. 抓听要点

听力中抓住要点十分重要。交际是交际者在交际目的的作用下进行的言语活动，听力教学应该教授学生抓话语要点的方法，会话中注意信息的侧重，听主要内容、主要问题、主题句和关键词。学会略听无关紧要的内容。

3. 边听边记录

在听的过程中记笔记十分重要，因为学生不可能完全听懂和完全记住所有的听力内容，而借助记笔记可有效弥补这一问题。尤其是在听力考试中，遇到冗长的材料和十分多的干扰选项时，听者就要结合听力特点，学会笔记的记录方法。因此，教师要引导学生养成边听边记录的习惯。

（三）网络多媒体教学法

随着现代化科技的飞速发展，网络多媒体开始广泛应用于大学英语教学中。在大学英语听力教学中，教师可充分利用网络多媒体技术来培养学生的听力能力。

例如，教师可以充分利用网络多媒体技术培养学生的自主决策能力。一方面，教师要帮助学生掌握信息获取的各种硬件知识；另一方面，教师要帮助学生掌握信息的收集、处理、利用等能力。网络上的信息浩如烟海，但是真正对学生的学习有帮助的信息需要学生通过一定的技术自己搜索，并筛选出来。此外，对筛选到的信息要进一步进行整理和分析，如此才能充分利用其价值。

第二节　跨文化交际语境下的大学英语口语教学探究

一、大学英语口语教学存在的问题

（一）对口语能力重视仍不够

随着教学改革的不断推进，大多数教师和学生已经意识到英语学习中口语的重要性。尽管如此，从现实情况来看，对口语及其教学仍然存在重视不足的情况。究其原因，在于很多教师和学生仍然没有认真审视口语在整个英语教学中的作用，认为口语可有可无，学生只要会读、能写就够了。这些观念或多或少都会对教师的教学和学生的学习产生不良影响，不利于口语教学效果的提升。

（二）教学时间有限

口语教学如今面临的一个很大的问题就是教学时间得不到保障。口语训练需要长期坚持进行，口语能力的提高也有一个循序渐进的过程，由于部分师生对口语的重要性认识仍然不足，从而导致口语教学并未被真正独立出来，只是被纳入整体英语教学中，加之英语整体教学时间有限，因此留给口语教学的时间更是少之又少，口语教学效果也就可想而知。

（三）学生压力大、不愿开口

一般来说，学生的口语表达不仅受语言因素的影响，还受一些非语言因素的影响，如心理因素、文化因素、生理因素、情感因素、角色关系因素等，这使很多学生在口语练习中不愿意开口。这里总结了学生不愿开口表达的五个原因，具体如下所述：

①学生怕说错而担心其他同学耻笑而不愿说。

②学生认为自己的语言水平低，因此不愿意说。

③教师提出的问题难度过大，学生本身就不理解。

④话轮分配得不均匀。

⑤教师提问时对沉默难以容忍，学生不愿意回答的结果无非两种，一是教师自问自答，二是由成绩好的学生开头说。

二、文化因素对大学英语口语教学的影响

（一）词汇文化因素对大学英语口语教学的影响

要想表达清楚自己的思想，学生首先需要掌握大量的词汇。同时，由于不同语言所处的文化背景不同，因此词汇的文化内涵有时会表现出很大的差异。因此，在英语口语教学中，教师应有意识地向学生介绍词汇文化之间的差异，丰富学生的词汇文化知识，为学生的口语表达奠定基础。

以 wink 一词为例，英语里关于 wink 的习语有很多，教师可以将这些习语有意识地导入口语教学中。例如，现代社会很多人都有失眠的经历，“I didn´t sleep a wink last night”

（我昨晚一夜都没合眼。）这里的 wink 是“眨眼”的意思，但是在 forty winks 中，其含义并不是“眨四十下眼睛”，而是“小睡”的意思。教师可以通过此类习语引导学生将其巧妙运用于自己的口语交流中。

（二）思维模式因素对大学英语口语教学的影响

英汉两种语言的思维模式存在诸多差异，这自然会对英语口语教学产生重要影响。例如，由于受母语迁移的负面影响，很多学生习惯了说“中式英语”，因此表达的句式不符合英语语法，这会给学生的交流带来很大的障碍，导致对方不明白说话者的真正意图。

此外，思维模式的差异对学生表达的流利性也会产生影响。很多学生习惯了用汉语进行思维，在用英语进行表达时，他们经常会遇到一时找不到英语对应词的情况，从而在表达中出现停顿、犹豫等现象，这就不利于学生与外国人的顺利交流。

（三）社交文化因素对大学英语口语教学的影响

中西方社交文化存在诸多差异，这些差异对口语交际具有重要影响，直接影响着口语交际者在交际过程中的应答或反应。因此，学生有必要多了解中西社交文化方面的差异。

1. 寒暄

中国人初次见面时常常会问及对方的年龄、工作、家庭情况等，有时也会表现出对对方的关心，如“你好像瘦了，要注意身体啊。”“你脸色不太好，是不是不舒服?”等。在平日的寒暄中，中国人则通常会说“去哪啊?”“吃饭了吗?”等，表示对对方的关心。但是，对于西方人来说，如果他听到“吃饭了吗?”会以为对方是在请他吃饭，从而容易产生误会。

西方人见面寒暄时往往不会谈论个人的年龄、收入、家庭情况、住址等问题，因为这是个人的隐私。他们常常讨论的话题是天气，这是因为英国的天气变化无常，有时一天中甚至会出现犹如四季的变化，这导致人们对天气产生了一种特殊的感觉。总之，学生在跨文化交际过程中应多了解这些不同的文化背景，避免涉及个人隐私问题而引起别人的反感。

2. 关心

在跨文化交际中，中国人有时往往会出于善意去关心对方，这在中国人看来是很自然也是会令人感动的事情。然而，由于文化差异，这样的举动可能反而会惹得对方不高兴，从而造成不必要的误解。请看下面两个对话及其区别。

A（中国人）：Put on a sweater. Otherwise you´ll get a cold.

B（中国人）：OK，Mom.

A（中国朋友）：Hi，it´s so cold today，why do you only have a T-shirt?

Aren´t you cold?

B（美国外教）：I´m fine.

在上述第一个小对话中，中国学生自然而然地接受了妈妈的关心，并及时给予回应。在第二个小对话中，中国学生提醒朋友多穿衣服，这也是根据中国传统文化的习俗，表达了自己对朋友的关心。但是，这样的关心对于美国人来说显然是让人难以接受的，因为在西方，人们崇尚个性独立，穿衣打扮作为一件非常私人的事情，穿多少、穿什么都是个人自己的意愿和选择，如果被提醒多穿一点，就意味着自己不能自立，这会使得西方人很尴尬。可见，由于文化的不同，本来是出于善意的关心反而被误解为“不能自立”，这样显然背离了交际的初衷。

3. 客套

在表达客套这方面，中国人一般很注重形式，讲究礼仪，重视表象；而西方人多是直线型思维，讲求效率和价值，没有过多的繁文缛节。

这里以打电话为例进行说明。中国人在打电话时常常用下面的话作为开头：

“请问您是谁?”

“喂，您好。麻烦您请 XX 接电话。”

而西方人在打电话时通常是以下面的方式开头：

“Is that XX speaking?”

“Could I speak to XX please?”

此外，西方人在接电话时通常先说明自己的身份或号码。例如：“Hello，375692405.”

“Hello，this is Tom. Could I speak to John，please? “

4. 答谢

别人对我们表达感谢时，出于礼貌，我们通常需要答谢，以维持良好的人际关系。在答谢方面，中西方也体现出了明显的文化差异。具体来说，中国人在答谢时往往会说：“不用客气”“别这么说”“过奖了”“这是我应该做的”等，以表示谦虚的含义。但如果与西方人交往时这样回答“It´s my duty.”就违背了初衷，因为“It´s my duty.”的意思是“这是我的职责所在”，是不得不做的。

此外，中国社会推崇“施恩不求报”的美德，因此人们在答谢时往往推脱不受，对受惠者给予的物质回馈或金钱奖励也常常当场拒绝，实在无法拒绝而收下时也会说“恭敬不如从命”。

西方人对待别人感谢之词的态度与中国人有很大的不同，他们常常会说“Not at all.”“It´s my pleasure.”“Don´t mention it.”或“You´re welcome.”在收到物质回馈或金钱奖励时也往往高兴地接受，他们认为这是对自己善举的肯定和尊重。

5. 迎客

中国自古以来都是礼仪之邦，因此非常重视礼仪。当有尊贵的客人来访时，主人通常会出门远迎，在见面时会采用握手礼或拱手礼。在一些较为庄重的场合甚至要行鞠躬礼。问候语也有很多。例如：

“欢迎！欢迎！”“别来无恙？”

“您的到来令我这时里蓬荜生辉。”“与您见面真是三生有幸！”

西方人除了在外交场合会出门远迎客人外，在一般的场合都没有这种习惯。此外，西方人多采用握手礼，在一些庄重的场合还要行拥抱礼或吻礼。问候语则通常是“How are you?”或“Glad to see you again.”

6. 道别

与迎客时相同，在道别时，中国人也常常会远送。客人和主人互相说些叮嘱的话。最后，客人通常会说：“请留步”，主人说：“走好”“慢走”“再来”等。“送君千里，终须一别”就表达了主人与客人间依依惜别的情形。

而西方人在道别时并不会如此注重形式，双方示意一笑或做个再见的手势或说“Bye!”“See you later!”“Take care!”即可。

7. 宴请

宴请是一种常见的社会现象，但由于文化不同，不同地区会产生不同的宴请方式。

具体来说，中国人历来重视礼仪和形式，讲求礼尚往来，在受到别人的帮助后，出于感谢会请客吃饭。宴席举办前会发请帖以示尊重和敬意。宴席之日，东道主会在门口亲自迎宾。宴席开始后，席间的客套话也是此起彼伏，如“略备薄酒，不成敬意”“感情深，一口闷”等，主人向客人们敬酒，客人们回敬。此外，中国人十分好面子，重名声，因此宴席往往会尽力操办，追求气派。近年来，整个社会倡导厉行节约，反对铺张浪费，倡导珍惜粮食，这得到从中央到民众的支持，并引发了一场“光盘行动”。这有利于节约资源、保护环境，有利于弘扬中华民族节约的传统美德，是推动社会进步的正能量。

西方人在进行宴请前通常会向客人发出电话或口头邀请，将具体的时间、地点和活动内容等说明清楚，并请求对方给予答复。西方人认为没有说明时间、地点和活动内容的邀请就不是真正意义上的邀请，非常重视对方的回复。受邀者通常也会明确拒绝或爽快答应，并表示谢意。

他们会进行精心布置，选择静谧温馨的、新颖奇特的或是热烈火爆的场所。饮宴的形式多以自助餐、酒会、茶话会等为主，客人们十分随意，没有过多的客套话，此后客人便可以自由吃喝，在饮宴结束离开时，也只是轻握一下手或点头示意即可。

三、跨文化交际语境下大学英语口语教学的原则

（一）先听后说原则

听与说是一个问题的两个方面，二者之间是相辅相成的关系。在具体的口语交际过程中，只有首先听懂对方的话语，才能据此进行回应，使交际顺利进行下去。因此，口语教学要坚持先听后说的原则。

具体来说，在口语教学过程中，学生通常先通过听来进行词汇量与语言信息的积累。当这种积累达到一定程度之后，学生的表达欲望也逐渐被调动起来，他们就会尝试着进行口语表达，进而实现真正意义上的口语交际。

（二）内外兼顾原则

根据内外兼顾的原则，口语教学应在注重课堂教学活动的同时，对课外活动给予充分重视。这是因为，口语教学应以课堂教学为主，但课外活动是课堂教学的延伸与补充，二者之间是相互配合、相互促进的关系。以课堂教学为基础来组织相应的课外活动既可带领学生对课堂知识进行及时的复习与巩固，还可使他们充分利用课外活动的机会对知识予以运用，加快从知识到技能的转化过程。同时，课外活动没有课堂环境中的正式气氛，学生能以一种轻松、愉悦的心情参加口语练习，教师也能更加及时地对学生进行指导，有助于学生在不同场合下进行流利、正确、恰当的口语表达。

在完成课后作业的过程中，教师可对学生分组，使他们以组为单位来完成任务，相互之间可围绕任务进行讨论，这既有利于不断提高学生的口语能力，还能培养他们的沟通能力、理解能力及团队合作能力。

（三）互动原则

口语练习本身是一件很枯燥的事情，长期的枯燥练习很容易削弱学生对英语学习的兴

趣和积极性。因此，口语教学应坚持互动性原则，使口语训练充满互动性，使学生能够在互动练习中不断保持兴趣，逐渐提高口语表达技能。

“动”是互动性原则的核心。如果教师采取传统的口语教学模式，在课堂上仍以提问、回答为主要方法，则学生对口语表达的参与是被动的，这会影响学生口语能力的提升。因此，教师为学生设计的话题应能够使学生展开互动性的练习活动法，使学生之间进行有效的互动练习。

（四）循序渐进原则

口语能力的提升不是一蹴而就的，因此口语教学也应遵循循序渐进原则，层层深入、由易到难、循序渐进地展开。例如，我国的大学生通常来自全国各地，很多学生的英语口语表达都会或多或少受到方言的影响。对此，教师首先应仔细分析学生的语音特点与发音困难，进而为纠正学生发音提出建议与指导，使学生按照由易到难的顺序，从语音、语调、句子、语段等层面逐渐提高。

此外，教师在设计教学目标时要遵循科学合理的原则，注意难度适宜。过高的目标会给学生带来过多的心理压力，过低的目标难以调动学生的积极性与兴趣，因此教学目标既不能过高也不能过低。

（五）科学纠错原则

口语学习中免不了出错，这是非常正常的事情，因此教师对学生在口语活动中出现的错误一定要采取科学的态度对待。一般来说，如果是学生正在进行口语对话训练，教师对一些无关紧要的语法问题可以酌情忽略，不要听到学生出现错误就立即打断并纠正，这样很容易打击学生说的积极性。教师应当在学生对话训练结束之后，统一指出训练过程中的错误，并提醒学生加以注意。当然，对一些重大的错误，教师也要在训练结束后立即指出并告知学生，以免再犯。

（六）鼓励性原则

学生在英语学习尤其是口语练习中很容易出现焦虑情绪，此时教师应当多鼓励学生，对其多表扬，树立其口语表达的自信心。

鼓励学生并使他们大胆说英语是口语教学中一项很重要的原则，因此教师应为学生创设更多有意义的语境。在这样的语境下，学生不会担心受到嘲笑，这样才能更好地进行口语练习。针对一些口语基础较差的学生，教师可考虑采取“脚架式”教学等方法，使教学策略与学生的状况相一致。

（七）生活化原则

教师在为学生设计口语课堂上的任务时，应遵循生活化原则，使其尽量与学生的日常生活、学习相贴近，以此来更好地调动学生的积极性，使他们对话题不陌生、有兴趣，进而乐于开口、勇于开口。具体来说，教师可从以下三个方面入手。

①应努力提高话题、主题的趣味性。

②应对学生的愿望与实际需求进行深度挖掘。

③应将教学内容与学生感兴趣的话题有机结合在一起。

四、跨文化交际语境下大学英语口语教学的方法

（一）情境教学法

英语学习的最终目的就是交流，而交流不是在真空中进行的，而是发生在一定的情境中，因此英语学习需要一定的情境才能有更好的效果。口语学习更是如此。举例来说，一个刚出生的婴儿如果在一个英语环境中，其学会的自然就是英语。再如，一个学生即使之前的口语能力很薄弱，其出国一段时间后，口语水平自然会有很大的提升。这提示教师一定要注意口语教学中情境的重要性，要尽量把真实的语言情境引入口语教学，让学生在真实的环境下学习口语，这样学生的表达才会更加地道。一般来说，角色表演和配音活动是两种有效的情境创设方式。

1. 角色表演

角色表演是深受学生喜爱的口语练习方式，因为学生往往都活泼好动，也有表演的欲望，而角色表演正好符合学生的这种特点，而且角色表演还能让学生告别枯燥单一的课堂授课，很容易调动学生表达的积极性。所以，教师在口语教学中要多组织角色表演活动，把主动权交给学生，让学生自行分工、自行排练，然后进行表演。表演结束后，教师先不要着急评价，最好先让学生从表演技巧、语言运用等方面发表一些建议，然后再进行总结和点评。

2. 配音

配音也是一种很好的锻炼学生口语表达能力的活动。在配音练习中，教师可以选取一部电影的片段，首先让学生听一遍原声对白，在听的过程中教师可以适时讲解其中一些比

较难的语言点；之后，让学生再听两遍原声并要求他们尽量记住台词；最后，教师将电影调成无声，安排学生进行模仿配音。

教师在选择需要配音的电影时，要注意遵循以下几个原则。

①语言发音要清晰，语速要适当，容易被学生学习和模仿。有些电影虽然很优秀，但是角色说话语速过快，对英语水平要求较高，学生在配音时很难跟上，这就很容易打击他们的积极性。因此，教师在选择影片时要充分考虑学生的英语水平，尽量选择情节简单、发音清晰的影片供学生配音。

②电影的语言信息含量要丰富。有些电影尤其是动作片，虽然很好看，学生也很喜欢，但是这类电影往往语言信息较少，甚至充满暴力，因此不适合进行配音工作。

③电影应当配有英语字幕，有中英双字幕更好。如果没有字幕，教师可以要求学生提前将台词背诵下来，如果学生对电影情节比较熟悉，也可以不背诵。

④影片内容要尽量贴近生活。由于影片大多和人们的真实生活很贴近，语言也贴近生活，因此配起音来相对容易些，更重要的是能让学生学以致用，让他们真正体会到学习英语的实用意义。

从实践来看，如《花木兰》（Mu Lan）、《功夫熊猫》（Kung Fu Panda）等电影既有中国文化元素，情节又轻松幽默，语言也十分简单清晰，是很不错的配音电影的选择。

（二）文化植入法

1. 文化植入的概念

“植入”最初是医学用词，后被广泛地应用于非医学方面，其中用得最多的概念是“植入式广告”。现在，人们在很多影视剧和综艺节目中都能看到植入式广告。简单来说，植入式广告就是为了达到营销目的，将产品及其服务的视听品牌符号融入影视或舞台产品中，从而给观众留下深刻的印象。

在英语口语教学中，文化植入与广告植入的理念类似。具体来说，如果让人们直接看广告，即使广告再精彩，看多了也会厌烦，甚至起到适得其反的效果。文化学习也是如此，如果只是生硬地开设文化课，学生会因为文化内容的博大精深而退却，从而失去学习的兴趣和动力。如果在英语教学中植入文化，那么就能对学生产生潜移默化的作用，从而加深他们对文化的印象，同时产生文化学习的兴趣，最终提高口语学习的效果。

2. 文化植入的原则

在选择文化植入的内容时，要遵循一定的原则，具体来说主要有以下几个。

（1）在精不在多原则

在口语教学中，教师在进行文化植入时，要注意找到一个恰当的“切入点”。因为文化知识背景复杂、内容繁多，通过“切入点”的“植入”，可以激发学生对于相关文化内容的兴趣和关注，也有助于学生对口语进行学习和操练。一旦打开文化世界的大门，学生会自己主动学习。

（2）适当原则

植入的时候并不是无原则地随意植入，要植入的内容应当符合学生的兴趣爱好，且能深入浅出，切实帮助学生提高口语水平。教师首先要充分了解学生的兴趣所在，并找到学生感兴趣的文化内容。其次，教师要在深入了解植入内容的基础上，尽量通过直观、简易的方式呈现出来。总之，所植入的文化内容难度要适宜，既不能太肤浅，也不能太深入，否则文化植入不仅不能帮助学生进行口语学习，反而会成为学习过程中的阻碍，严重的甚至会削弱学生的学习兴趣。

（3）服务于口语教学原则

文化植入的一切内容都要围绕口语教学进行，并与主题紧密相关。这是因为文化植入的最终目的是帮助学生更好地应用口语，掌握口语课的教学内容，所以文化植入的内容一定凸显其服务功能。

3. 文化植入的方式

文化植入并不是生硬地插入，否则和一般的文化课程就无异了，因此教师教学中要采用合适的植入方式，将内容很自然地融入教学中，使其服务于口语教学，这里要注意不能喧宾夺主，而是要起到潜移默化的效果。具体来说，文化植入的方式主要有以下两种。

（1）直接呈现

直接呈现是指教师选择一个与教学内容密切相关的文化主题，然后在课堂上将其直接呈现给学生，引导学生理解这个文化主题。教师在呈现时，可以通过一定的手段将其导入教学内容，如借助多媒体教学设备进行呈现。

例如，在学习有关建筑物的口语课堂上，有很多有关建筑的描述和表达方式需要进行呈现和练习。此时，教师可以利用多媒体设备，将不同建筑的时代背景、风格特点等展示给学生，同时融入教学要求掌握的一些表达方式。这些内容能引导学生了解学习内容，并使用所学内容进行操练。通过呈现，学生在其表达练习中会更有针对性，也更容易加深印象、掌握知识。

（2）间接呈现

间接呈现是指教学根据教学要求和学生实际情况，灵活设计一些小活动，如游戏、竞赛等，并将文化内容有效植入这些活动中。

例如，在有关商务用餐的口语表达学习中，教师要植入“酒文化”。在学生经过前期学习，对酒文化有一定了解的基础上，教师组织“抢答竞赛”的口语小活动。具体来说，教师设计一些实用又有趣的英文口语选择题，供学生抢答，每题结束后再结合直接呈现方式，通过图片、视频等向学生介绍其所包含的文化内涵。这样，学生在互动中锻炼了自身的口语能力，同时拓宽了知识面。

（三）文化渗透法

文化渗透和文化植入有一定的共同之处，都是在教学中导入文化因素。具体来说，由于每种语言都处于不同的文化背景中，因此需要结合文化来理解语言的具体含义。教师在口语教学中可以进行总结归纳，通过在教学中渗透英语文化来快速提高大学生的英语口语表达能力。具体来说，教师可以采取以下几种方式进行。

1. 文化对比法

在口语教学中，教师可以通过对比英语文化与母语文化，帮助学生了解不同文化的差异，培养跨文化意识。教师首先可以向学生传授有关中西文化的各种差异，然后指出学生在交流中容易犯的错误，并表明这些错误正是由于不注意中西方文化差异造成的。在反复对比和接受中，学生就能掌握英语和汉语及中西文化间的差异，并在以后的交流中多加注意。此外，学生通过了解不同文化的差异，还能更加尊重不同文化的风俗与习惯，并形成正确处理语言与文化关系的能力。总之，文化对比法是一种行之有效的口语教学方法。

2. 交流学习法

大学生经过几年的英语学习，一般已经有了一定的英语水平，有的也有一些跨文化交际的经历。因此，教师可以充分利用大学生的这些特点，开展课堂交流，通过交流促进学习。

3. 教师引导法

教师在口语教学及与学生的交流中，应当时刻注意进行有效的引导。特别是在学生产生交际障碍时，教师及时进行启发性的引导，既充分尊重了学生的主体性地位，又对学生进行了文化知识的熏陶，激发了其学习和运用语言的思维能力。

（四）探究教学法

探究教学法教的核心就是“探究”。简单来说，它就是指英语教师利用现代教育手段与媒介，综合多种教学资源，以学生为中心，以教师为主导，通过以学生的自主学习、自我探索和自我研究为主的方式完成语言知识和口语技能习得的教学方法。

1. 探究教学法的特点

探究教学法与传统的教学模式相比，体现出一定的优势，具体主要包括以下几个方面。

（1）开放性

开放性是大学英语口语教学中探究教学法的显著特点之一，主要体现在教学内容、教学组织形式和教学管理三个方面。

首先，在教学内容上，探究教学的内容以教材为基础，但不受教材的制约与束缚，其涉及的内容要比教材内容广泛得多。这是因为，探究教学往往针对某一主题进行深层次的考究，无形之中就会涉及多领域、多学科的内容。

其次，在教学组织形式上，探究教学常常在学生与学生之间或学生与教师之间的交流、协商、讨论中展开，这种教学活动组织形式与传统的教学方法相比，具有明显的开放性。

最后，在教学管理上，探究教学以学生的自主探究为主要的学习方式，教师起到了监督与指导的作用。

（2）合作性

合作性是探究教学法的另一个显著特征。这里的合作主要是指教师和学生间的合作。具体来说，仅仅依靠学生的自主探究来完成知识的学习和技能的掌握是不现实的，学习离不开教师的监督与指导和同伴间的合作。

此外，每位学生的学习技巧、学习方法、学习能力等都是存在差异的，也是可以进行互补的，因此要想拓宽探究内容的广度与深度，就必须加强合作，增进互补性。

（3）实践性

大学英语口语探究教学的实践性是由大学英语教学的目标决定的。当今社会对英语人才提出了更高的要求，不仅要具备扎实的语言知识和技能，还要具备熟练的英语运用能力。探究教学为学生提供了充足的思考和使用英语的语言机会。

2. 探究教学法的步骤

在英语口语教学中，探究教学法大致包括五个步骤，即确立探究问题、收集数据、分析解释、讨论交流及展示评价反思。

（1）确立探究问题

确立探究问题是探究教学法的第一步。旧问题解决后，有时会产生新的问题，因此探究教学是一个循环往复的过程。口语教学实践中会产生多种问题，但是探究问题的选择和确立需要考虑多方面的因素。一方面，有些问题产生的原因简单，很容易解决，因此不必探究；另一方面，有些问题用其他方法讲解会更加浅显易懂，因此适用于探究教学法。所以，教师确立探究问题要进行深入的分析和精心的选择，需要考虑以下几个方面。

首先，务必要考虑课程内容和先前教学中的知识积累。探究问题要在整个教学知识结构中起到承上启下的作用。此外，问题的深度与广度的选择原则是通过自我探究和教师的指导能够解决问题。其次，要考虑问题情境的创设。以教材内容为基础，创设出能够自然导出问题的情境。最后，还要考虑学生的学习兴趣与学习动机，用更加新颖的方式提出问题。

（2）收集数据

大学英语口语教学探究教学法中数据的收集指的是与语言有关的语料，以及与文化、语言使用有关的艺术与策略材料的收集。

这一环节的实施需要教师严格地监控，并给予学生收集内容、方向与来源方面的指导和建议。这样才能起到事半功倍的效果，否则就会白白浪费时间和精力。

（3）分析解释

分析解释是探究教学法的第三个步骤，这一环节对下一环节的讨论交流有重要的影响。

对收集的数据进行分析，主要围绕语义和语用两个方面进行思考，对特定的交际情境和交际目的中所涉及的词汇、语法、句式、文化、交际策略等方面的因素在交际中的功能作出解释和总结。

（4）讨论交流

讨论交流贯穿于大学英语口语教学的始终，体现在课内与课外的各种交际活动中。在探究教学法中，学生完成课外探究之后，结合所得在课堂上与同伴就教师所给的探究材料进行有目的的交流讨论。同时，做好记录。

（5）展示评价反思

展示评价反思是探究教学法的最后一个环节，也是不容忽视的一个环节。这一环节需要注意两个方面，一是学生的展示行为是否规范，二是教师的点评内容与评价方式是否得当。

第四章 跨文化视域下大学英语阅读、写作、翻译教学

第一节 大学英语阅读教学中的跨文化教育

一、大学英语阅读教学概述

（一）大学英语阅读教学的目标

1. 大纲规定目标

针对大学英语阅读教学目标划分了三个层次，具体要求如下所述。

（1）一般要求

①能以中等速度（每分钟70词）基本读懂语言难度适中、一般性题材的文章，理解其大意及主要细节。

②能以较快速度（每分钟100词）阅读篇幅较长、语言难度略低的文章。

③能借助词典阅读本专业的英语材料和题材熟悉的英语报纸、杂志中的文章，掌握中心大意，理解主要事实和有关细节。

④能读懂生活中的常见表格，如注册表、申请表、问卷调查表等。

⑤能读懂指示语、产品说明书、广告、海报、邀请函等。

⑥能读懂涉及日常生活的个人信件或一般内容的商业信函。

⑦能浏览互联网上的一般信息，基本读懂国内英语报纸、杂志，理解大意及主要事实。

⑧掌握基本的阅读技能，如根据上下文猜测生词或习语的意思、寻读、略读等。

（2）较高要求

①能以中等速度（每分钟 70～90 词）基本读懂英语国家大众性报纸、杂志上一般性题材的文章。

②能以较快速度（每分钟 120 词）阅读篇幅较长、难度适中的文章。

③能略读新闻、人物、事件等报道的主要内容，抓住其要点，能寻读有关材料，快速查找所需信息。

④能阅读所学专业的综述性文献，并能正确理解中心大意，抓住主要事实和有关细节。

⑤能借助词典读懂与专业相关的技术性论文，能从技术性手册中快速查找所需信息及解决遇到的技术问题。

（3）更高要求

①能读懂有一定难度的文章，理解其主旨大意及细节。

②能借助词典读懂原版英语教材和英语国家报纸、杂志上的文章。

③能较为顺利地阅读所学专业的英语文献和资料。

2. 大学英语阅读教学目标解读

要想切实提高大学英语阅读教学的效果，首先应重视教学目标的制定。对教师来说，大学阅读教学无非涉及两个方面，即学习阅读和阅读学习。根据学生在大学阶段的总体英语水平，可以把阅读教学的目标分为以下几个层面。

（1）知识学习目标

学生阅读的过程同时是学习知识的过程，因此教师可以把教材内容即传授语言知识作为教学目标。具体来说，主要包括学科知识、专业知识、文化知识、策略知识等。当然，这只是阅读教学目标的一部分，而不是全部。

（2）技能目标

技能目标是对知识学习目标的重要补充，也是大学英语阅读教学的重要目标。阅读教学通过让学生进行大量的阅读实践，在学习知识的同时，能逐步提高阅读速度，培养学生推理、判断、归纳、总结等思维能力，进而提高语言实际运用的能力。可见，技能目标应列为大学英语阅读教学目标的首位。

（3）图式建构目标

阅读的过程实际上是一个持续不断地构建图式的过程。影响学生阅读的图式主要有三类，即形式图式、内容图式和语言图式，这三种图式与文章的形式、内容和语言是相互作用的。学生在阅读时，新的结构图式的文本就意味着新的图式构建，从而可以帮助自己提高图式建构的能力。

（4）自主学习目标

英语阅读教学从某种程度上来说就是为了培养学生的自主学习能力，尤其对于大学生来说，他们已经有一定的英语基础，也有较强的自控能力，培养自主学习能力尤为重要。具体来说，大学生应该能对阅读材料进行自主分析、综合评价，同时能自主调节自身的阅读活动。

（二）大学英语阅读教学的原则

1. 循序渐进原则

学生阅读水平的提高是一个循序渐进的过程，不可能一蹴而就。而阅读教学目标的达成是一个实现总体规划和长远规划的过程，也不可能立马达成。因此，在大学英语阅读教学过程中，教师应遵循循序渐进原则，对阅读材料的选择、阅读方法的选择、任务的完成等进行细致且周密的考虑，并引导学生寻求最适合自己的学习方法，扎扎实实地学习，最终完成阅读任务，提高阅读水平。

2. 层层设问原则

提问是课堂教学的必要环节，提问能有效引导学生自主思考，提高学习效率。不过，提问不能盲目进行，需要讲究一定的原则和策略，否则就会背离提问的初衷。在提问过程中，教师要坚持层层设问原则，即提出的问题必须具有一定的层次性，应由易到难、由浅入深，先让学生回答简单的问题，学生获得自信后会更愿意开动脑筋，积极思考。如此一来，学生便可在教师的引导下逐步提高阅读理解的能力。

3. 因材施教原则

每个学生都有自己的个性，学生与学生之间存在着差异，所以学生学习阅读的进程也就不尽相同。因此，教师应因材施教，对于不同的学生采取不同的教学方法，确保每位学生的阅读技能都得到相应的发展。当面对这类学生时，教师应在教学过程中不断鼓励和表扬他们，以使他们重新建立信心，同时给他们布置一些难度较小的阅读任务，然后逐步增加难度，使他们不断进步。有的学生有着较高的英语阅读水平，并对英语阅读有着浓厚的兴趣，基本的阅读通常已经无法满足他们的阅读欲望。针对这类学生，教师可以布置一些具有挑战性的阅读任务，或向其推荐一些名著等。

二、大学英语阅读教学中的文化差异

（一）地理文化差异

不同的自然条件和地理环境造就了不同的地理文化。不同国家因为所属地域不同，所以形成了不同的地理文化。一些阅读材料常常涉及地理文化信息，学生如果不了解相关的地理文化，也就难以理解阅读材料中的句子、篇章。

（二）历史文化差异

历史文化是一个国家在演变和发展过程中形成的民族特色文化。因为历史文化是经过长期积淀而形成的，所以其有着深厚的底蕴。在阅读英语材料时，学生常常会因为不了解相关的历史文化而产生阅读障碍。

（三）社会文化差异

社会文化是由群众创造的具有民族特征的对社会群体发挥作用的文化现象。社会生活中一切文化现象均有历史根源，这些文化对英语阅读理解有很大影响。

三、大学英语阅读教学中跨文化教育的方法

（一）交际教学法

交际教学法产生于20世纪70年代初，其教学重点不在语言知识上。因为语言运用是为交际目的服务的，所以语言教学的目的是培养交际能力，教学过程要交际化，这是交际教学法的精髓。交际教学法可以有效提升学生的阅读理解能力及对文章进行分析、归纳、总结的能力。在大学英语阅读教学中，教师可以采取交际教学法进行教学，具体涉及以下几个环节。

1. 预读环节

预读环节也就是正式阅读前的准备。如果学生的阅读面较窄，教师可在预读环节以学生较为熟悉的日常话题为切入点，列出关键词句、引出主题，并引导学生展开充分的想象与联想。在对各种问题的思考与回答过程中，学生就可深化对文章背景知识的了解。

2. 阅读环节

在阅读环节，教师应使学生对各段大意、段与段之间的联系及文章的整体结构、主旨

思想等有较深刻的理解。此外，学生应快速阅读课文并回答问题。

3. **读后环节**

在读后环节，教师可设计一些练习，以便检验学生是否掌握课文的主要内容与架构。学生在回答问题的过程中可以加深对文章主题的理解。

（二）“阅读圈”教学法

所谓“阅读圈”是一种由学生自主阅读、自主讨论与分享的阅读活动。在阅读圈内，每位学生自愿承担一个角色，负责一项工作，并进行读后反思。阅读圈模式的目的是鼓励学生阅读和思考，其活动效果在很大程度上取决于小组成员在前期是否做好了充分的准备工作。“阅读圈”教学模式受到越来越多的关注，很多教师都采用该教学模式进行阅读教学，并取得了良好效果。具体来说，在大学英语阅读教学中，“阅读圈”教学法的实施步骤主要包括以下几个。

1. **设计任务**

教师以某个文化专题为教学内容，明确教学目标，选定学生在课堂及课外需要阅读的材料，设计好相应的需要学生进行讨论和分析的问题，并规划好学生完成这些任务的学习模式。

2. **布置任务**

教师设计完任务后，就要向学生布置具体任务。教师可以让学生自由组合成“阅读圈”，每个小圈子为 6~7 人。圈子形成后，教师要让学生清楚学习要求和规则。此外，教师可以鼓励学生在自己的阅读圈内承担一定的角色。

3. **准备任务**

教师布置完任务后，引导学生进行独立思考，并将需要讨论的问题及自身的思考结果以文字形式记录下来。此外，由于阅读圈内各成员承担着不同角色，教师应鼓励学生完成各自的任务，自由表达自己对文化的不同看法。

4. **完成任务**

在这一阶段，阅读圈内的成员依次汇报、分享自己的阅读成果，对所读内容进行信息加工、思维拓展，确定小组汇报的内容，最终形成 PPT，在课堂上展示核心成果。这一阶段是学生汇报和自由讨论的阶段，有助于启发学生的多元思维，深化文化内容的探讨，因此教师要引起足够的重视。具体来说，教师作为活动的组织者和指导者，要掌控整个讨论过程，对讨论过程中可能出现的争论不休或偏离主题等问题及时进行解决。

5. 评价任务

在任务评价阶段，教师可以鼓励各个阅读圈进行自评与互评。在互评时，可以根据每个阅读圈展示的阅读成果及成员讨论表现进行打分。学生互评完成后，教师可以进行总结，对各阅读圈及学生自身的表现进行点评。需要注意的是，教师在点评时要注意尊重学生对文化的不同观点，重点关注学生思想的深度和广度，同时对那些积极参与讨论的学生提出表扬，以此带动全班学生积极参加此类活动。

第二节 大学英语写作教学中的跨文化教育

一、大学英语写作教学概述

（一）大学英语写作教学的目标

1. 大纲规定目标

（1）一般要求

①能完成一般性的写作任务。

②能描述个人经历、观感、情感和发生的事件等。

③能写常见的应用文。

④能在 30 分钟内就一般性话题或提纲写出不少于 120 词的短文，内容基本完整，中心思想明确，用词恰当，语义连贯。

⑤能掌握基本的写作技能。

（2）较高要求

①能基本上就一般性主题表达个人观点。

②能写所学专业论文的英文摘要。

③能写所学专业的英语小论文。

④能描述各种图表。

⑤能在 30 分钟内写出不少于 160 词的短文，内容完整。

（3）更高要求

①能用英语撰写所学专业的简短的报告和论文。

②能以书面形式比较自如地表达个人的观点。

③能在30分钟内完成不少于200词的说明文或议论文，思想表达清楚，内容丰富，文章结构清晰，逻辑性强。

2. 大学英语写作教学目标解读

（1）语言目标

通常，英语写作需要学生独立完成，学生写作的过程实际上是巩固英语语言知识的过程，因此语言目标是英语写作教学的基本目标。在语言层面，学生在写作过程中要注意以下几点。

首先，学生的文章是由无数词语组成的，因此词语的准确选择与表达是非常重要的。对一篇文章的作者来说，选词是其与读者进行沟通的重要手段之一。同时，选择具有较强的主观性，与作者的写作风格及个人爱好有关。英语中存在大量一词多义的现象，因此作者在选词时要多加考虑，如注意选择褒义词还是贬义词，选择具体词还是概括词，选择正式词语还是非正式词语等。

其次，英语句式种类繁多，英汉语言在句法层面存在诸多差异。例如，在句子重心方面，英语句子一般重心在前，而汉语句子与之相反，即重心在后。在语态方面，通常来说，英语善用被动语态，而汉语善用主动语态。如果从线性延伸的角度考虑，英汉语言采用不同的延伸方式，英语采用顺线性扩展延伸机制，汉语采用逆线性扩展延伸机制。很多中国学生容易受汉语思维的影响，写出不符合英语表达习惯的句子。因此，在大学英语写作教学中，教师要向学生传授英汉语言句子之间的差异，增强学生对英语句式的认知，掌握正确的表达方式。

最后，拼写与符号是属于语言目标的范畴，因为其主要涉及学生的基础知识，包括单词的拼写和标点符号的正确与否。拼写与符号虽然属于细节问题，也往往被学生所忽略，但它们对英语写作有着重要影响。因此，在大学英语写作教学中，教师不可忽视拼写与符号的重要性。

（2）结构目标

在写作之前，教师首先要向学生介绍不同的文体结构及其构成，然后要求学生按照某种文体结构的框架进行写作。学生也只有了解了不同题材、体裁文章的谋篇布局，才能根据写作目的选择适当的扩展模式。

（3）写作技巧目标

英语写作过程大致可以分为写作前、写作中和写作后三个阶段，每一个阶段都需要学生掌握一定的写作技巧，如此才能完成一篇质量较高的习作。例如，在选题构思阶段，学生需要了解思绪成串法、自由写作法、五官启发法等，以对选题进行更好的构思。在段落展开阶段，学生可以按照时间、空间、段落、定义、过程、分类、因果关系等展开具体写作。在结尾阶段，学生可以根据文章的写作目的等采取建议式、总结式、引语式、重复式、展望式、警示式等方法进行结尾。

此外，学生在写作时要注意段落之间的过渡和衔接问题，要做到句子之间紧密相连、段落之间环环相扣、内容之间衔接流畅，总之要保证文章的逻辑性与连贯性。为此，学生需要掌握一些过渡语，过渡语的使用可以有效地增强文章连贯性。

（二）大学英语写作教学的原则

1. 循序渐进原则

任何一件事情的顺利完成都是需要花费时间的，都是一个循序渐进的过程，英语写作教学也不例外。在大学英语写作教学中，循序渐进原则主要涉及以下几个方面。

（1）语言层面：由低到高

在语言层面，教师可以先让学生进行句子写作方面的练习，逐步过渡到段落与篇章的写作。由于课堂教学时间有限，教师可以将对句子的写作训练穿插在其他技能课中，如精读和听说课。此外，教师可以组织各种训练活动，如连词组句、补全句子、合并句子、扩充句子等，学生对句子写作逐步熟练后，教师就可以增加难度，过渡到篇章写作。

（2）语法结构层面：由易到难

我国学生受汉语思维的影响，在写作中存在各种语言错误，其中最多的错误是基本语法错误，如词类错用、时态和语态误用等。语法是英语听、说、读、写各项能力的基础，语法不好会对英语学习产生隐性而持久的影响。在写作过程中，很多学生都因语法欠佳而无法使用哪怕稍微复杂一点的表达，这样势必会影响输出效果，写作质量也不会太好。因此，学生必须重视语法学习，掌握基础的语法结构，在此基础上掌握更为复杂的语法结构。

具体来说，在写作学习中，学生要先掌握简单句，然后掌握复杂句和并列句；先掌握短句，然后掌握长句；先掌握陈述句，然后掌握虚拟句和感叹句。对教师来说，也要坚持循序渐进原则，在语法结构上由易到难，帮助学生巩固基础，进而攻克薄弱环节。

（3）体裁层面：由简到繁

对学生来说，不同文体其难易程度各不相同。一般来说，记叙文的写作难度较低，其次是描写文，然后是说明文，议论文的写作难度最高。因此，在写作体裁方面，学生应从记叙文的写作训练开始，逐步向其他文体过渡。

（4）话题层面：由熟到生

学生对于自己熟悉的话题往往更有写作兴趣，写起来也相对容易。因此，教师在写作训练中，可以先从学生熟悉又感兴趣的话题开始，等学生掌握一定的写作技巧后，可以让学生就一些社会热点问题等表达自己的观点，锻炼学生的写作水平。

2. 注重基础原则

在写作教学中要坚持注重基础原则，这样才能化难为易，使学生更轻松地进行写作。注重基础原则首先需要教师加强英汉词汇和句法的对比教学，因为英汉语言在词法和句法层面存在较大差异，学生很容易受汉语思维的影响，把汉语表达方式直接套用到英语中，从而产生中式英语。

在词汇层面，教师要注重语言对比，避免英汉单词意思的简单对应，多从语境层面出发进行教学。

在句法层面，英汉语言也存在明显区别，如英语句子讲究形合，汉语句子注重意合；英语是主语突出型语言，汉语是主体突出型语言；英语句子习惯先局部后整体，由小到大，汉语表达则相反。

总之，教师在写作教学过程中需要重视基础层面，帮助学生打好写作的基础。学生的写作基础打好了，自身的写作能力才能得到切实提高。

3. 建立科学的评价机制原则

教师对学生写作进行评价时，要注重对写作过程而不是结果的评价，建立以学生为中心的评价体系。具体来说，教师首先要了解写作能力的基本评价标准，如标点符号的使用、单词拼写、语法运用、写作内容、表达的逻辑性与创造性等，都要纳入评价范畴。其次，教师的评价应以激励为主，尽量采用描述性语言，避免直接批评学生。最后，对于学生习作中存在的问题，教师要帮助学生分析原因，并提出相应的解决办法。总之，教师建立以学生为中心的评价体系，既维护了学生的自尊心，又激发了学生对英语写作的兴趣。

二、大学英语写作教学中的文化差异

（一）词汇差异

在英汉语言中，有一些词汇虽然字面意义相同，但情感意义不同，也就是词的褒贬含义不同。对此，教师在英语写作教学中要多加注意。

此外，受文化差异的影响，很多英汉词汇在象征意义上存在很大差异，这在数字词、色彩词、动物词、植物词等方面体现得尤为明显。在不同语言中，同一概念可能被赋予不同的象征意义。可见，英汉语言词汇层面的文化差异对英语写作往往具有很大影响，学生如果不能很好地把握词汇的文化内涵，在具体的写作过程中其很有可能会误用词语，从而带来不良的后果。因此，教师在英语写作教学中要有意识地引导学生掌握这方面的知识，避免出现不当甚至错误的表达。

（二）话语表述差异

英汉话语表述存在明显差异，并对英语写作产生了较大的影响。具体来说，英语话语表述通常为“主语—谓语”结构，即主谓结构。但汉语的话语表述多为“话题—说明”结构，其中“话题”是指说话者意图表述的对象，“说明”是指说话者对意图表述对象的解释。

在英语写作过程中，很多学生因受汉语话语表述方式的影响，常用多个并列的句子进行表述，这明显有违英语话语表述的习惯，从而给人留下“中式英语”的印象。这就要求教师在写作教学中注意向学生传授英汉语言在这方面的差异，让学生在清楚了解这些差异的基础上，避免受母语迁移的负面影响，锻炼英语思维，从而写出符合英语表达习惯的地道文章。

（三）语篇文化差异

语篇的衔接手段有两种类型：词汇衔接和语法衔接。词汇重述、上义词、下义词、同义词、搭配等属于词汇衔接；照应、替代、省略属于语法衔接。在词汇衔接层面，英汉语言并没有太大的区别，二者在语法衔接层面的差异较大。这些差异会直接影响学生的写作。

1. 替代

替代即对上文中所提到的内容使用其他形式进行代替，这是语篇衔接过程中经常采用的一种手段。在英语段落中，人们经常使用词汇来传达两个句子之间所形成的呼应关系。在英语语言中，替代的形式有很多种，常见的包括三种：名词性替代、动词性替代、分句性替代。在汉语中，人们很少使用替代形式，因而典型的替代形式比较少见。通常，汉语中人们习惯对某一个词或某一些词进行重复，通过重复来实现句子与句子之间的连贯。另外，汉语中还经常使用“的”的结构实现连接。

2. 省略

省略就是将句子、段落、文章中某些可有可无的成分省略不提。在英语语篇中，人们经常通过省略实现语言凝练、简洁的目的。众所周知，英语语法的结构是十分严谨的，因此不管从形态还是从形式上而言，使用省略这一方式都不会引起歧义现象。英语语篇中经常出现省略的情况，而汉语语篇在省略的频率上要远远低于英语语篇。另外，英汉语篇对于省略的成分有不同表现：英语语篇中不会省略主语，但汉语语篇中除了第一次出现的主语之外，后面出现的主语往往都可以省略。出现这种区别的原因主要是，汉语主语与英语主语相比较而言，其控制力、承接力都更加强大。

3. 照应

照应是指当无法对语篇中的某一个确定词语进行解释时，可以从这一个单词所指的对象中找到答案，这就意味着这一语篇中形成了一种照应形式。从本质上而言，照应表达的是一种语义关系。

在汉语语篇中，照应关系随处可见。汉语中不存在关系代词，但英语中有大量关系代词，尤其是人称代词。因而，汉语语篇通常会使用人称代词来表达英语语篇中所形成的照应关系。

在英汉语篇中，照应关系的类型是基本相同的，不过二者使用这一形式的频率表现有很大差异。英语照应中使用人称代词的频率比汉语要高，这与英语行文通常要求避免重复，而汉语多用实称有很大的关系。

三、大学英语写作教学中跨文化教育的方法

（一）综合教学法

英语听、说、读、写各项基本技能并不是孤立存在的，而是互相联系、互相影响的。在大学英语写作教学中，教师可以将几种技能教学有机结合起来，这可以促进学生各项能力的全面发展。

1. 听与写结合

听是语言的输入，学生多听可以为自己积累语言素材，以便更顺利地进行写作。在写作教学中，教师可以将写作与听力结合起来。例如，可以通过边听边写的教学方式帮助学生提高写作能力。教师可以让学生听录音或直接为学生进行朗读，并且让学生随时记录下来听到的内容。这里的内容可以是多样化的，既可以是英语教材上的文章，也可以是课外读物上优美的文章，还可以是一些精彩的小故事。

在边听边写的基础上，教师可以进一步加深教学，让学生完成听后复述任务。具体来

说，教师可以自己朗读，也可以播放录音给学生听，让学生集中精力听三遍。听完后，学生可以笔述，也可以直接进行复述。需要注意的是，在这里教师不必对学生要求太高，即不用让学生一字不落地复述下来，而是总结出所听材料的大意即可。学生笔述或复述活动可以很好地帮助其提高语言组织和表达能力，从而为写作打下坚实的基础。

2. 读与写结合

读与写都是语言信息的输入，它们之间是相互促进、相辅相成的，读是写作素材的重要来源，可以帮助学生增加接触英语语言的机会；写则可以帮助学生进一步加深和巩固阅读能力。在阅读过程中，很多学生都是理解了文章的内容即可，很少从中吸取有利于写作的素材。对此，教师应引导学生在阅读中体会作者遣词造句的技巧，并培养学生记笔记的良好习惯，从而使学生积累大量的有利于写作的语言知识。这样，学生不仅能更加深刻地阅读，也能提高写作能力。

3. 说与写结合

说和写都属于信息的输出，书面语是从口语发展而来的，它们之间是相互贯通的。因此，教师可以通过说和写结合的方式进行写作教学。例如，教学中有很多包含对话的文章，教师可以让学生将一些对话改为短文。学生在改写过程中，要格外注意时态、语态及人称的变化，并尽量使用对话中的新词汇和新句型。

（二）对比教学法

英汉语言与文化在很多方面都存在差异，这些差异必然会影响学生的写作。学生要想写出用词地道、语句流畅、逻辑连贯的文章，首先必须熟悉英汉语言与文化之间的差异，对此教师就要引导学生深入了解这些差别，进行对比教学。大致而言，对比教学法主要涉及以下几个层面。

1. 语句层面

教师在批改学生作文时应指出学生写作中不符合英语表达习惯的语句，并且注明地道的英语表达方式，使学生更清楚地看到差别，在不断的修改过程中逐渐学会用英语进行思考与表达。

2. 语篇层面

语篇是语言的使用，是更为广泛的社会实践。教师可引导学生了解并思考英语文章是如何发展主题、组织段落、实现连贯的，以此帮助学生对英语语篇结构有一个立体的、综合的认识。

3. **思维模式层面**

在思维模式层面，中西方也存在较大差别。我国学生的英语作文普遍存在两大缺陷，即“重点不突出”和“黏着性差”，这在很大程度上是欠缺英语思维造成的。对此，在大学英语写作教学中，教师应有意识地引导学生对中西方不同的思维方式和特征进行对比研究，包括基本词汇文化内涵比较研究、深层文化对比研究、情景对话行为规则的研究等，帮助学生掌握英语篇章组织的思维逻辑，培养英语思维模式，进而能够用英语思维模式进行写作，最终写出符合语言交际规范的文章。这就需要学生用西方的写作思维模式勤加练习，没有大量的练习，写作理论与技巧只能流于形式。学生只有勤写多练，才能发现与解决自己写作中的问题，不断将所学语言知识及英语思维方式应用于英语写作实践中，逐步提高英语写作能力。

第三节　大学英语翻译教学中的跨文化教育

一、大学英语翻译教学概述

（一）大学英语翻译教学的目标

1. **大纲规定**

英语翻译教学的目标是培养学生的各项翻译能力，使学生能够顺利进行翻译。大学英语翻译教学要求分为三个层次，即一般要求、较高要求和更高要求。

（1）一般要求

①能借助词典对题材熟悉的文章进行英译汉，译速为每小时约 300 个英语单词，译文基本传达原文的意义，无重大的理解和语言错误，符合中文表达习惯。

②能借助词典对题材熟悉的文章进行汉译英，译速为每小时约 250 个汉字，译文基本传达原文的意义，无重大的理解和语言错误，符合英文表达习惯。

③能借助词典将与专业相关的文章、介绍、提要、广告、产品说明书等翻译成汉语。

（2）较高要求

①能借助词典翻译英语国家一般报纸、杂志上题材熟悉的文章。英汉译速为每小时约 350 个英语单词，译文通顺达意，理解和语言表达错误较少。

②能借助词典对一般性题材的文章进行汉译英，译速为每小时约300个汉字，译文通顺达意，理解和表达错误较少。

③能摘译所学专业的英语文献资料。译文符合中文表达习惯。

④能使用适当的翻译技巧。

（3）更高要求

①能借助词典翻译所学专业的文献资料和英语国家报纸、杂志上有一定难度的科普、文化、评论等文章，英汉译速为每小时约400个英语单词，理解准确，基本无错译、漏译，译文流畅。

②能将反映中国国情或文化的介绍性的文章译为英文，汉英译速为每小时约350个汉字，基本无错译、漏译，译文达意，符合英语表达习惯。

2. 大学英语翻译教学目标解读

大学英语翻译教学的最终目标是培养学生分析传译信息的能力，包括分析传译具体的语言内容和非语言内容，获得语言表达运用的能力。

英语本科专业翻译教学以培养掌握基本翻译理论、具备一定翻译素质和技能的人才为目标，使他们了解必要的翻译策略和技巧，具有解决翻译困难的能力。

非外语专业翻译课的培养目标应是培养综合素质好、专业精通、外语基础扎实、听说读写译综合技能过硬、适应性强的复合型人才和科技翻译人才。

由于专业性质和课程设置不同，非外语专业翻译教学的培养目标与翻译专业教学的培养目标也不同。具体来说，非外语专业翻译教学的培养目标应该低于英语本科专业和翻译本科专业的培养目标，翻译本科专业的培养目标则应高于英语本科专业翻译课的培养目标。

（二）大学英语翻译教学的原则

1. 循序渐进原则

翻译水平的提高不是一朝一夕就能实现的，必须经历一个长时间的训练过程。相应地，翻译教学也不能操之过急，应遵循由浅入深、循序渐进的规律，所选的语篇练习也应该是先易后难，逐步帮助学生提高翻译能力。从篇章的内容来看，应该从学生最熟悉的开始；从题材来看，应该从学生最了解的入手；从原文语言本身来看，应该从浅显一点的渐渐过渡到难一些的。这样由浅入深，学生们对翻译会越来越有信心，兴趣也会一点点增强，最终自然会提高翻译技能。

2. 题材丰富原则

当今社会迫切需要实用型、综合型的翻译人才。因此，翻译练习的材料应该做到多样化和系统化，这样才能更好地满足社会对翻译人才的需求。教师在教学过程中要遵循题材丰富原则，让学生接触不同的文体，进行有针对性的训练。具体来说，翻译的文体应该涵盖各种实用文体，如广告、新闻、法律、影视、科技、文学等。此外，教师需要注意，每一种文体的练习都不是孤立进行的，教师可以对学生翻译中的常见问题进行归纳与总结，如果某类翻译问题在某种文体练习中出现得较多，那么教师要及时进行解决，帮助学生更顺利地完成翻译训练。

3. 培养翻译能力与翻译批评能力相结合原则

翻译教学的基本目的是提高学生的翻译能力，但在培养学生翻译能力的同时，要注意提高学生的翻译批评能力。培养翻译批评能力有助于学生对自己的翻译成果做到心中有数，同时能从别人的成果中汲取优点，促进自身进步。当学生能够对别人的译作进行翻译批评时，也就能对自己译作的优劣心知肚明了。所谓批评能力，是指要对别人的译作进行客观的评价，既要点评优点，也要批评缺点，还应对错误的地方进行修正。总之，培养学生的翻译批评能力有利于学生学习他人的长处，并反思自己的错误，避免以后再犯。

4. 实践原则

实践是翻译活动的重要特征，因此教师应遵循这一原则，尽可能地为学生创造机会，如安排学生到翻译公司参与实际的翻译工作。翻译的好坏最终取决于译文读者的反馈，译作能否被接受要看是否符合客户的需求。这就决定了翻译教学不是封闭的，而是一门实践性很强的课程。因此，学生在正式从事翻译工作之前，能有机会进行一定的社会实践锻炼是非常有必要的，这对他们毕业以后能更快融入新的工作环境很有帮助。

5. 授业育人原则

德育是英语教学的重要内容，学校教育的目的不仅是培养有一定专业技能的人，而且是有高尚道德、具有一定审美情趣、有学习能力的人。因此，就翻译教学来说，翻译技能课不能只传授技能，还要融入丰富的人文和科技知识，使翻译训练真正变成一个有趣的过程。

在翻译教学过程中，教师应该了解学生的心理、喜好和需要，不仅要满足他们对知识的渴望，还要满足他们精神上的需求，将知识技能的传授融入他们自身的发展中。只有这样，学生才会乐于学习，在学习中健康地成长。

二、大学英语翻译教学中的文化差异

（一）价值观差异

价值观简单来说就是为人处世的基本原则，包括风土民俗、思想形态、伦理道德等，在人们的日常生活中处于主导地位。价值观从属于不同民族文化的体系，具有较显著的民族特征。由于中西方文化之间存在很大差异，因此在价值观方面也截然不同。

例如，集体主义与个人主义可以说是汉英不同文化的产物，它们之间的差异集中体现了中西方价值观念的差异，可以说是中西方价值观念差异的最典型体现，也是理解中西方社会文化的关键。中国传统文化一直倡导集体主义价值观，即当遇到个人利益与集体利益发生冲突时，人们往往被要求与集体利益保持一致性，甚至优先考虑集体利益。在这种价值观的影响下，中国人普遍具有强烈的集体观念，人们通常更看重集体和国家利益。但对于西方人来说，每个人都是独立的个体，理应被放在第一位。与集体相比，西方人更强调个人的意志，更注重自我价值的实现。这种价值观方面的差异对翻译也产生了一定的影响。

（二）风俗习惯差异

风俗习惯是中西方文化差异的直观体现，不同地区的风俗习惯往往是由于国家及民族自身的地理位置、政治环境、经济条件、文化背景等决定的。在翻译实践中，风俗习惯对翻译的影响也是显而易见的。

中西方在饮食方面存在很大差异，而饮食习惯就是一种重要的风俗习惯。中国人向来十分注重饮食，俗话说“民以食为天”。中国人不仅讲究吃，而且追求美味，将美味作为评价食物的最高标准。而西方人在饮食上非常注重营养，往往以营养作为饮食的最高标准。在西方人的饮食观念中，维系生命、保持身体健康是饮食的主要目的，饮食并不是为了享乐。在饮食对象方面，西方人以面包为主食，而中国通常以米饭或面食为主食，这种差异在翻译中体现得很明显。

（三）审美心理差异

审美是人们对事物美丑作出的评判，是一种主观心理活动。审美受时代背景、社会环境、地域环境等客观因素的影响，因此不同文化背景中的人们在审美心理方面会存在一些客观差异。

众所周知，在英语中存在很多一词多义现象，很多词语都具有多重含义，这些含义在不同语境下可能会出现一定的矛盾和冲突，这其实就是因为审美心理差异导致的一种现象。这种现象在广告中体现得尤为明显，一个优秀的广告不仅要顺应当地社会的文化和风俗习惯等，还要充分满足当地人的审美心理需求。

三、大学英语翻译教学中跨文化教育的方法

（一）文化翻译策略传授法

翻译是语言之间的转换活动，语言又是文化的重要载体。由于学生在翻译过程中必定会遇到各种文化问题，因此教师在大学英语翻译教学中应向学生传授各种文化翻译策略，帮助学生更好地处理翻译中的文化因素，避免产生错译或误译，从而影响跨文化交际的顺利进行。

1. 归化策略

归化与异化是两种重要的文化翻译策略，所谓归化策略，是指把源语本土化，即以译入语读者为归宿，对源语表达形式进行省略或替换，找到地道的表达形式表达译入语。这一策略要求译者像本国作者那样说话，将原文译为地道的本国语。归化策略可以增强译文的欣赏性与可读性，帮助读者更好地理解译文，但有可能会丧失源语的文化意义。

2. 异化策略

异化策略与归化策略是相对而言的，它是指译者不打扰作者，而是让读者向作者靠拢，即译者对源语文化进行保留，并尽量向作者的表达贴近。受不同思维方式与文化背景的影响，不同民族对同一事物的认知存在明显的差异。译者在对具有丰富历史色彩的信息进行翻译时，应尽量保留其文化背景知识，而采用异化策略有助于传递源语文化，保留异国情调。

3. 归异互补策略

自归化与异化的概念产生以来，翻译研究者们对二者孰优孰劣的问题就一直争论不休。归化和异化是对立统一的关系，二者各自存在适用范畴。实际上，绝对的归化和绝对的异化都是不存在的，而且在很多情况下，仅仅选择其中的归化或异化都是行不通的，因为它们都无法将源语的内容与意义准确地传达出来，对此就需要将二者相结合，即采用归异互补策略。一名优秀的译者需要在归化与异化之间找到一个折中点，对原作进行仔细品读，进而采用合适的策略来进行翻译。

需要注意的是，这个折中点并不是固定不变的一个“居中点”，有时可能距离读者近些，有时可能距离作者近些，但无论如何，都要遵循这一原则：接近读者时，不能距离作者太远；接近作者时，不能距离读者太远。唯有如此，才能在异化时不妨碍译文的通畅易懂，在归化时又不失去原文的味道。总之，译者需要弄清楚原文的底蕴，然后从翻译目的、作者意图等层面考虑，谨慎地对翻译策略作出选择，这样才能把握好翻译的分寸。

在处理归化与异化之间的关系时，应该以异化策略为首选，归化策略为辅助。也就是说，译者在文化翻译时应该尽可能地实现异化，必要时还要保证归化。具体而言，可以总结为如下几点。

第一，一般来说，译者应该尽量选择异化策略，这样可以使译文实现“形神俱备”的效果。因此，在文化翻译实践中，译者如果觉得采用异化策略就可以将原作的内容传达出来，那么选择异化策略即可。

第二，如果译者觉得单独选择异化策略难以将原作的意义完全表达出来，或者很难实现译文的通畅，那么译者可以考虑将异化策略与归化策略相结合。

第三，如果译者觉得采用异化策略是完全行不通的，那么译者不能勉强采用异化策略，而应考虑选择归化策略，舍弃原作的形式来表达其内涵意义。

4. 文化调停策略

文化调停策略是译者在运用归化或异化策略都无法有效解决翻译问题时所采取的一种有效策略。所谓文化调停，是指将一部分甚至全部文化因素省略不译，直接翻译其中的深层含义。

5. 文化对应策略

文化对应策略是指采用目的语文化中知名的事件、人物等，对源语文化中的内容进行解析与诠释。

（二）依托互联网背景进行教学

随着互联网信息技术的不断发展，“互联网+”在众多领域得到了广泛运用。在大学英语翻译教学中，教师可以有效利用“互联网+”教学优势，不断改革英语翻译教学的手段，更好地培养学生的翻译能力。

1. 更新教学理念

在“互联网+”时代背景下，大学英语翻译教师要与时俱进，更新传统的翻译教学理念。具体来说，教师在教学中要充分结合当今社会对英语翻译人才的标准和需求，充分考虑学生的个性化特点，创造出多样化的教学手段，调动学生的主动性和积极性，提高教学效率。

2. 丰富教学内容和形式

在“互联网+”时代背景下，可以凭借互联网优势有效实现英语翻译教学。例如，现今大学生都喜欢上网，教师可以充分利用这一点，进行网络化英语教学，开展英语视频教学，组织电影欣赏等活动，并要求学生进行自主翻译，锻炼翻译能力。再如，教师可以利用多媒体教学工具，为学生播放一些资深翻译官“同步翻译”的论坛视频，让学生感受翻译官的临场应变能力及其强大气场。这样，学生会以这些优秀翻译官为榜样，激励自身努力学习，提高翻译水平。

3. 建设和完善互联网英语翻译实践平台

当前，很多大学都已建立了互联网在线交流平台。因此，大学英语翻译教师可以利用英语互联网平台拓展英语翻译的内容，让学生可以借助互联网平台在线学习英语翻译。此外，教师可以开展各种形式的教学，如慕课、微课等，丰富学生学习英语翻译的途径，帮助学生切实提高英语翻译水平。

第五章 跨文化视域下英语文化教学构建、原则和方法

第一节 跨文化视域下的英语文化教学建构

跨文化交际与英语教学的关系十分密切，英语教学是一种涉及跨文化交际的教学活动。英语教学与跨文化交际学最大的交叉点是培养学习者的跨文化交际能力，因为英语教学的目标就是培养语言学习者的跨文化交际能力，而英语教学中的文化教学与培养学习者跨文化交际能力的关系尤为密切。因此，英语教师不仅自身需要具备跨文化交际的能力，而且还需要具备培养学习者跨文化交际能力的教学能力。在这一章中，我们主要讨论的内容是英语文化教学的目标、内容、原则与方法。

一、英语文化教学的目标

20 世纪 70 年代，英语教学提出的教学目标是培养学习者的交际能力。到了 21 世纪，英语教学提出的教学目标是培养学习者的跨文化交际能力。交际能力与跨文化交际能力的培养与语言教学中文化教学的关系十分密切，因而我们需要了解交际能力与跨文化交际能力的联系和区别，以及跨文化交际能力与英语教学中文化教学的关系。

（一）英语教学的目标

20 世纪 70 年代以来，培养交际能力一直是英语教学的主要目标；而在 21 世纪，培养文化交际能力又成为第二语言教学的主要目标。因此，有必要了解交际能力和跨文化交际能力的相互关系。

1. 交际能力

交际能力的概念是，在交际中仅仅具有语言能力是不够的，还要具有交际能力。也就

是说，人的语言行为不仅要达到语法上的正确，还要达到语用上的得体。交际能力包括四个方面：

（1）语法能力

了解如何正确使用词汇、句型和语法规则的能力。

（2）社会语言能力

了解如何根据场合、时间和对象得体地使用语言的能力。

（3）话语能力

了解如何解释更大的语境及如何组织更长的句子并使之成为有机整体的能力。

（4）策略能力

了解如何运用语言和非语言策略识别和弥补交际中出现的障碍的能力。

交际能力从此成为英语教学的主要培养目标，这一点也成为交际语言教学法的理论依据。交际能力这一培养目标的确立，改变了以往英语教学过于重视语言形式和语言准确性的弊端，使语言教学更加重视语言的功能、语境和表达的得体性，特别是更加关注语言背后的文化规则，使文化教学成为语言教学的重要组成部分。

然而，在21世纪以全球化和多元化为特征的英语教学环境中，培养交际能力这一教学目标受到了一些学者的质疑。世界上没有标准的母语者，因而获得与标准的母语者相似的交际能力是一个不可行的目标；另外，一味强调以母语者为典范，就意味着外语学习者需要放弃自己的语言习惯，背离自己的文化身份，这也说明培养以母语者为典范的交际能力并不是一个理想的目标。交际能力的局限性：交际能力论注重的是交际语境的不同，解决的还只是同一文化中不同语境的交际行为的问题，并不能满足英语教学的需要，更不能满足跨文化交际环境的要求。

2. 跨文化交际能力

20世纪90年代以后，西方的英语教育学学者针对母语者的说法，提出了跨文化说话人（intercultural speaker）的概念，把培养跨文化交际能力当作英语教学的主要目标。跨文化交际能力是一种与不同文化的人有效交往的能力。跨文化交际能力涉及人们对于其他人的行为和价值观的看法、以非价值判断的态度与他人交往的技能。跨文化交际能力包括以下要素：

（1）态度

具有好奇心和开放意识。

（2）知识

了解自己和对方所在的文化群体的习俗、产品及社会交往的一般程序等方面的知识。

（3）解释和关联的技能

能够解释其他文化的文献和事件，并能够联系自己文化的文献进行解释的能力。

（4）发现和交往的技能

能够获得有关一种文化及其习俗的新知识的能力，以及在实际交往中运用知识、态度和技能的能力。

（5）批判性的文化意识

对自己文化和其他文化的明确标准、视角、习惯和产品的批判性评价能力。

由此可见，跨文化交际能力包括态度、知识、技能和文化意识四个部分，是一种涉及了情感、认知和行为的综合能力。在21世纪以全球化和多元化为特征的英语教学环境中，培养跨文化交际能力是更理想和更符合现实要求的教学目标。然而，跨文化交际能力这一培养目标与交际能力这一培养目标并不是对立的，而是互相补充的。跨文化交际能力既包括交际能力，又不局限于交际能力，而是获得了一种新的视野。这两种培养目标各有侧重、互相补充。如果说交际能力这一培养目标主要关注语言方面的能力，强调的是在特定文化语境中进行得体交际的技能，那么跨文化交际能力则是一种包括了态度、知识和技能的综合能力，强调的是对文化的深刻理解和对不同文化的积极态度。

（二）文化教学的目标

语言与文化密不可分，文化教学是英语教学的重要组成部分。把文化理解纳入外语教学课程的要求，提出了外语教学的五个目标：交际（Communication）、文化（Cultures）、贯连（Connections）、比较（Comparisons）和社区（Communities），简称“5C目标”。这五个目标中的交际、文化和比较三项目标都直接或间接地涉及了文化问题。由此可见，文化在外语教学中有非常重要的地位。“美国标准”学生不仅应该意识到文化产品、习惯和观念之间的关系，而且要通过自己文化与目的文化的比较来理解文化的概念，另外还要实际参与到国内和国外的多元文化社团中。

跨文化交际是文化教学的目标。培养跨文化交际能力的教学目标分析为以下七个具体的目标：

①使学生逐渐意识到人们的行为无不受到相关文化的影响。

②使学生逐渐意识到人们的行为受到诸如年龄、性别、社会阶层和居住环境等因素的影响。

③使学生进一步了解目的语文化的人们在通常情况下的行为。

④增加学生对目的语中词语和词组的文化内涵的了解。

⑤提高学生用实例对目的语文化进行评价和对目的语文化进行概括的能力。

⑥使学生掌握必要的查找及整理目的语文化信息的技巧。

⑦激发学生对目的语文化的求知欲并鼓励学生与该文化的人们在感情上产生共鸣。

二、英语文化教学的内容

英语教学中的文化教学应该包括哪些内容历来是一个有争议的问题，主要原因是文化的内容丰富而复杂，而且英语教学中的文化教学具有特殊性也是一个重要原因。因此，我们在确定英语教学中文化教学的内容时，首先要考虑语言文化教学的总体目标和具体目标是什么，同时还要考虑英语教学环境对于文化教学的特殊要求和制约条件是什么。

（一）英语教学中的文化概念

1. 大文化与小文化

长期以来，教学界最流行的文化概念是“大写 C 字母文化”和“小写 c 字母文化”，也简称为“大文化”和“小文化”。“大文化”包括地理、历史、文学、科学、艺术、政治制度、经济制度、教育制度、家庭制度等，而“小文化”包括风俗习惯、行为举止、思维方式、价值观念等。西方外语教学领域早在 20 世纪 60 年代就使用了“大文化”和“小文化”的概念，并提倡“小文化”应该成为英语教学中文化教学的主要内容。20 世纪 70 年代开始兴起的交际语言教学法更强调了“小文化”与交际能力的密切关系。“大文化”与“小文化”的另一种说法是客观文化和主观文化，并强调了学习主观文化与培养跨文化交际能力的关系。

2. 交际文化与知识文化

所谓知识文化，指的是那种两个文化背景不同的人进行交际时，不直接影响信息准确传递的语言和非语言的文化因素。所谓交际文化，是指那种两个文化背景不同的人进行交际时，直接影响信息准确传递（即引起偏差或误解）的语言和非语言的文化因素。把交际文化的内涵扩大为隐含在语言系统中，反映一个民族的价值观念、是非标准、社会习俗、心理状态、思维方式等，跟语言理解和语言使用相关的一种特殊的文化因素。这些学者认为在汉语教学中，交际文化的重要性高于知识文化。虽然有的学者认为这种交际文化和知识文化的分类不够严谨，但是交际文化与知识文化的划分突出了语言教学中文化教学的特点和重点。

3. 文化产品、文化习惯、文化观念

外语教学中的文化划分为三部分：文化产品（Products）、文化习惯（Practices）和文

化观念（Perspectives），简称为“3P文化”。这是外语教育中较新的文化概念。

（1）文化产品

包括书籍、工具、食品、法律、音乐、游戏等。

（2）文化习惯

包括节日风俗、服饰习俗、饮食习惯等。

（3）文化观念

包括态度、信仰、价值观等。

文化产品、文化习惯和文化观念之间存在着密切的关系，文化观念体现在文化产品和文化习惯中，文化产品和文化习惯反映了文化观念。外语学习者需要理解这三者之间的关系，其中理解文化观念是如何体现在文化产品和文化习惯中的是文化学习的核心内容。

（二）英语教学中文化教学的内容

美国外语教学中的文化教学内容应该包括“一个社会显性的和隐性的哲学视角、行为习惯和文化产品”，并强调目的语的正式文化和日常文化因素都应该体现在所有层次的外语课程设置中。从培养跨文化交际能力的目标出发，提出了文化教学的七项内容：文化语境中的交际；价值观系统；社会规范；社会制度；地理与环境；历史；文学与艺术。

在英语教学界，学者们一直沿用“交际文化”和“知识文化”的划分，有的学者从教学的角度把英语教学中的文化教学分为语言中文化因素的教学和文化知识的教学。为了体现英语教学中文化教学的特点，突出培养跨文化交际能力的目标，我们把英语教学中文化教学的内容分为三类：语言中的文化因素、客观文化、主观文化。

1. 语言中的文化因素

语言中的文化因素分为语构文化、语义文化和语用文化，其中语义文化和语用文化是语言中文化因素教学的重点。不了解词汇的文化内涵会引起跨文化交际中信息传达的错误，不了解语言使用的文化规则会出现交际的障碍。对汉语学习者来说，学习汉语词汇和语用中的文化因素有利于提高汉语交际能力和跨文化交际能力。一般来说，语言中文化因素的教学是在语言技能课堂上进行的，最能体现语言教学与文化教学相结合的特点。语言中文化因素的教学，应该包括以下几个方面：

（1）一般词汇的文化内涵和跨文化差异

例如，“个人主义、隐私、发福、龙、狗”等一般词汇的概念意义在很多语言中都是基本相同的，但是这些词的象征意义、联想意义和感情色彩却有文化的差异，容易引起跨文化交际中的误解。

（2）“文化词汇”的内涵

一些特有的词汇，具有特定的文化内涵，在其他语言中找不到准确对应的词语或概念，这部分词汇是跨文化交际理解方面的难点。

（3）言语行为的实现方式

例如，问候、感谢、道歉、邀请、称赞、请求、拒绝等，这些内容既是语言功能教学的范畴，又是语用文化教学的内容；所不同的是，功能教学关注的是说什么和怎么说的问题，而语用文化教学关注的是为什么这样说的问题。

（4）影响语用的语境因素

例如，性别、年龄、职业、场合等因素是如何影响语言使用的，亲疏关系与权力距离等文化因素是如何影响汉语中的礼貌表达的。

（5）语言使用规则背后的文化意义或原因

这是语言课堂中的文化教学常常忽视的内容。只有理解了语言使用规则背后的文化原因，才能准确把握语言及文化的特点，避免刻板印象。

2. 客观文化

客观文化一般也是知识文化和“大文化”的内容。这部分的文化内容主要包括地理、历史、文学、艺术、政治制度、经济制度、家庭制度、风俗习惯等。客观文化的特点是明晰且具有系统性，适合在语言教学中采用讲解或提示的方法或者开设专门的文化课程来处理。客观文化的教学不是仅罗列文化的事实，而是要挖掘文化事实背后的文化意义或观念，这样才能使学生把握这种文化的本质特征和精髓。客观文化的教学应该包括以下方面：

（1）地理与环境

国家的地理如地形、气候、河流等方面的特点，本国人对自然环境的利用和改造。主要关注这个国家的自然环境对这个国家人民生活方式和民族心理的影响，以及这个国家人民对待自然的态度和价值观。

（2）人口与民族

国家的人口结构和分布，不同地区和不同民族的人们的生活方式的特点、人口政策和民族政策。主要关注不同地区、不同民族的生活方式和习俗的异同。

（3）历史

这个国家历史上的重要事件、历史人物和文明成就。主要关注历史及传统对于当代社会和人们观念的影响，人们对待历史及传统的态度，人们对待历史人物的观念和态度。

（4）政治制度：政治体制、公民的权利和义务、社会保障制度等。主要关注这个国家人民对于国家的观念，政府运作的方式，社会保障制度中体现出的对公民权利与义务的观念等。

（5）经济制度

国家的经济体制，人们的经济活动、职业选择、消费行为等。主要关注改革开放对这个国家人民生活方式和观念的影响，人们进行经济活动和商业往来的特点，这个国家人民对待金钱、职业、消费、工作等的观念和做法。

（6）家庭和婚姻

这个国家人民的家庭结构、家庭关系、居住条件、择偶标准、婚姻观念等。主要关注这个国家人民家庭成员之间的关系模式，以及其对于家庭和亲情的观念。

（7）教育制度

这个国家人民对于教育的态度和观念，教育的内容和方式，学生学习的方式，师生关系等。主要关注中国的教育方式、教育观念方面的特点。

（8）艺术

中国的书法、绘画、建筑、戏剧等。主要关注这些艺术形式是如何体现这个国家人民的审美观、自然观及思维方式的。

（9）文学

文学名著、文学典故、文学形象、著名作家等。主要关注文学作品和文学典故中反映的这个国家人民的行为方式和价值观念，这个国家人民对待人生、自然、人际关系的态度。特别关注已深入人们日常生活当中的文学形象具有的品格特征和体现的文化内涵。

（10）风俗习惯

这个国家人民的饮食、居住、节日、服饰、婚礼、丧礼等方面的风俗习惯。主要关注这个国家人民的风俗习惯所体现的民族心理和价值观念。

（11）休闲生活

这个国家人民在日常生活中的体育健身、娱乐游戏、旅游等方面的特点。主要关注这些休闲活动中体现的这个国家人民的生活态度和审美情趣等方面的特点。

3. 主观文化

主观文化一般也是“小文化”的内容，包括价值观、信仰、思维方式、人际关系、社会交往、非语言行为、态度、交际风格等方面。这部分文化内容比较抽象，常常是隐而不见、人们习而不察的。由于主观文化的内容与跨文化交际能力关系非常密切，所以应该成为英语教学中的文化教学的重点内容。主观文化的教学可以在高年级的语言课堂上作为文化话题进行讨论，也可以开设专门的跨文化交际课程。主观文化的教学应该突出与语言交际相结合、与跨文化交际相结合的特点。主观文化的教学应包括以下方面：

（1）世界观

这个国家人民对待生命、自然、社会、历史等的观念和态度。比较不同文化的人们在世界观方面的异同。

（2）价值观

这个国家人民的核心价值观，如集体主义观念、重视家庭的观念、和谐的观念、面子观念、礼尚往来的观念、谦虚的观念等。比较集体主义文化和个体主义文化在价值观方面的异同。

（3）思维方式

这个国家人民思维方式的特点，如综合性思维、形象性思维、直觉性思维。比较这个国家人民的思维方式与其他文化的人们思维方式的异同。

（4）人际关系

这个国家人民如何看待和处理家庭关系、朋友关系、人情关系、上下级关系、与陌生人的关系等。比较不同文化中人际关系的特点。

（5）社会交往

这个国家人民社会交往的礼仪和禁忌等，如何寒暄、如何招待客人、如何送礼物、宴会礼仪等。比较不同文化的人们在社会交往习俗方面的异同。

（6）非语言行为

这个国家人民在面部表情、眼神交流、身体接触、手势等肢体行为方面的特点和规则，这个国家人民在时间观念和空间利用方面的特点。比较这个国家人民在非语言交际行为方面与其他文化的人的异同。

（7）态度

这个国家人民对待自己文化和其他文化的态度，其他文化的人对于这个国家人民和中国文化的看法。理解刻板印象、偏见、种族中心主义对于跨文化交际的影响。

（8）交际风格

这个国家人民交际风格的特点，如间接的交际风格、含蓄谦虚的风格、使用面子协商策略等。比较高语境文化与低语境文化在交际风格方面的不同特点。

三、英语文化教学的原则

英语教学中的文化教学以培养学生的跨文化交际能力为主要目标，以语言中的文化因素、文化产品、文化习惯和文化观念为主要内容，以体验型学习为主要教学模式，而且文化教学是在语言教学中实施的，因而文化教学的模式应该体现以下原则。

（一）以学生为中心、教师为主导

“以学生为中心”，既是大学英语教学改革的指导原则，又是英语文化教学的首要原则。传统的文化教学大多是以教师为中心的，教师传授文化知识，学生只是被动地接受知识。以培养跨文化交际能力为目标的文化教学应该从以教师为中心转变为以学生为中心，把文化教学从教文化变成学文化。但是，以学生为中心并不意味着教师不起重要作用，只是教师从文化知识传播者的单一角色转变为多种角色。在文化学习的过程中，教师扮演的角色有：文化教学的设计者、文化知识的咨询者、探讨文化意义的引导者、文化行为的训练者、文化态度转变的促进者、跨文化交际的中介者等。

（二）认知学习与体验学习相结合

传统的文化教学主要采用讲授—阅读—讨论的教学模式，这种以认知为本的文化教学模式有利于学生学习文化知识，但对于培养学生的跨文化交际能力不能发挥太大作用。因为跨文化交际能力是包括知识、行为和态度的综合能力，所以很多学者都倡导体验型学习或以过程为本的教学模式。这种体验型文化学习模式包括文化体验、文化观察、文化概括、文化实践四个环节。语言课堂上采用体验型学习模式进行文化教学确实促进了学生文化意识和跨文化意识的提高。自我评估、问卷调查、角色扮演、小组活动、案例分析、跨文化比较与互动等都是体验型文化学习的活动。

有效而成功的跨文化交际培训需要融合认知和体验两种模式。一般来说，认知学习的方法更适合客观文化内容的教学，而体验型学习的方法更适合主观文化和语言中文化因素的学习。但即使在客观文化的教学中，学生参与讨论和互动也是必要的环节。

（三）文化教学与语言教学相结合

英语教学中文化教学的最大特点是文化教学与语言教学密不可分。但是，如何达到语言教学和文化教学的有机结合一直是一个难题。传统的语言教学中出现过两种完全相反的倾向：一种情况是语言课堂以讲解语音、词汇、语法知识为主，以训练听、说、读、写的语言技能为中心，忽视文化的教学；另一种情况是在语言技能课堂上讲解很多文化知识，而这些文化知识与所要学的语言结构和功能完全脱离。

语言教学与文化教学相结合可以通过两种途径来实现。第一种途径是把文化因素当作语言教学的内容，如词汇含义、成语典故、语用规则等既是语言教学的内容，也是文化教学的内容，因而在讲解语言知识的同时需要挖掘语言中包含的文化因素。第二种途径是把文化作为话题来讨论，如旅游、饮食、家庭、教育、就业等都可以是语言课堂的话题，在学习和讨论这些文化话题的过程中可以训练学生的听、说、读、写能力，培养他们描述文化现象、概括文化特点、评价文化观念、比较文化差异的语言运用能力。

对于如何实现语言教学和文化教学的融合，“任务是结构、功能、文化相结合的最好结合点”。因为任务教学法的最大特点是首先关注意义，同时强调意义和语言形式的结合，而文化是最有意义的话题，所以任务型教学可以实现用特定的语言形式来实施文化行为或者探讨文化意义的目的。

（四）文化的显性因素与隐性因素相结合

文化教学的内容有些是显性的，如文化产品、文化制度、文化行为等；有些是隐性的，如价值观、思维方式、交际风格等。传统的文化教学往往只关注文化的显性部分，而忽视了文化的隐性因素。事实上，隐性的文化因素如价值观、行为规范等恰恰与跨文化交际能力的关系最为密切。另外，文化的显性因素和隐性因素往往是互相联系的。可见的文化产品和习俗反映了隐性的文化观念，而隐性的文化观念体现在可见的文化产品和习俗中，只有了解了一种文化的产品、习俗和观念的相互关系，才能把握这种文化的本质特点。

如果在文化教学中只讲解文化现象，只介绍可见的文化行为和习俗，而缺少对于文化现象背后的文化原因的分析，学生很容易形成刻板印象，甚至会产生“这种文化很奇怪”的想法。因此，在文化教学中，我们应该把文化产品、文化行为习惯、文化观念的教学结合起来。

（五）课堂教学与课外文化实践相结合

学习外语与外国文化最好的途径是沉浸在那种文化环境中“习得”语言和文化。“田野工作”（fieldwork），即让学生在目的语文化中进行观察、参与和交流。文化实践主要有以下两方面优点：一是能提供真实的文化体验，让学生切实感受到外国文化的多样性和动态性，并从文化的内部来理解外国文化的特征；二是能提供用英语进行实际交往的机会，使文化实践既包括文化学习又包括语言学习，同时培养学生的文化学习能力和英语交际能力。但是，文化学习如果仅有体验和参与而没有思考和概括，就会流于肤浅、零碎并缺乏系统性。因此，课堂外的文化实践还需要与课堂上的学习结合起来，只有这样才完成体验型学习的四个阶段的循环，才能真正提高跨文化交际的综合能力。

（六）文化教学内容与学生的语言水平相适应

在英语教学的文化教学中，学生的语言水平是制约文化学习过程和结果的关键因素之一。为了达到语言教学和文化教学的融合，应该使文化教学的内容和方法与教学对象的语言水平相适应。

文化教学的内容应遵循从具体到抽象、从简单到复杂、循环往复、螺旋上升的原则。在英语学习的初级阶段，学生掌握的表达方式还比较少，听、说、读、写能力都比较低，这时文化教学的内容应该集中在与日常生活紧密相关的方面，如简单的言语行为规则、基本的社交礼仪和习俗等。在中级阶段，随着学生语言水平的提高，可以增加对客观文化知识的学习，如介绍体现外国文化特点的建筑、历史人物、文学故事等。在高级阶段，应侧重比较抽象的文化观念和态度方面的学习和讨论。需要注意的是，文化是丰富多彩的，即使是同一个文化主题也包含了不同的侧面。因此，在不同的语言阶段，文化的话题或内容可以重复出现，只是随着学生语言水平的提高，要提高文化内容的复杂度。

文化教学的方法也应该与学习者的汉语水平相适应。教学活动要从具体简单逐步过渡到复杂多样，语言表达要体现从单句到复句再到成段、成篇表达的变化。

1. 初级阶段

使用图片、实物展示、提问、角色扮演等简单易行的方法，让学生用简单的句式和常用词语实施文化行为。

2. 中级阶段

采用文化知识提示、情景模拟、对话分析、文化比较等方法，让学生用比较长的复句来叙述文化现象。

3. 高级阶段

使用案例分析、文学阅读、问卷调查、小组课题调研和演讲展示等方法，让学生用更复杂的成段表达来讨论复杂的文化话题。

（七）教学过程中挑战与支持相结合

跨文化交际能力的学习应该在学习内容与学习过程之间达到挑战性与支持性的平衡。如果学习内容和学习过程都太有挑战性，学生就会产生抵触心理，学无所获；而如果内容和过程都太简单，学生便会产生无聊的感觉。因此，如果内容复杂而抽象，学习过程和方法就应该相对简单；如果内容相对简单易懂，学习过程或方法就需要具有挑战性，只有达到挑战与支持的平衡才能使学生学到知识并发展技能。

挑战与支持平衡的原则可以指导我们根据教学内容选择恰当的教学活动和方法。价值观、思维方式等主观文化的内容比较抽象，学习的过程或教学方法就应该相对简单，如可以通过谚语、格言来了解一种文化的价值观。非语言交际行为和社会交往习俗的内容比较具体易懂，那么就应该设计比较复杂且较有挑战性的活动，如采用角色扮演、情景模拟的方法来学习。

四、英语文化教学的方法

英语教学中的文化教学的方法和技巧既受到教学目标和教学内容的影响，又受到其自身特殊性的制约。传统的文化教学大多采用教师讲授、观看影像资料讨论等教学方法；而以培养跨文化交际能力为目标的文化教学应使用鼓励学生积极参与的体验型学习模式，采用角色扮演、小组任务、采访与观察、案例分析、跨文化互动等方法。这些文化教学的方法既是跨文化交际能力培训的常用方法又是语言课堂上进行文化教学的有效方法。下面举例说明在语言课堂上进行文化教学的一些常用方法。

（一）提问

提问是文化教学的基本方法之一。文化教学可以简单概括为提出关于在特定文化中谁在什么地点、什么时间做什么、如何做、为什么做的问题。采用提问的方法进行文化教学的优点是：体现了以学生为中心的原则，提高了学生的参与度；可以培养学生自己探索和发现文化特点的能力；把文化学习与语言表达训练结合起来；简单易行，容易操作，适合各种课堂和内容的教学。文化教学中的提问应该涉及文化的产品、习俗、观念和跨文化差异。比如，设计一些问题，包括对文化产品、习俗和观念的探讨，也包括对习俗和观念的比较。学生通过问答和互动，不仅了解了习俗的特点，也对自己国家文化进行了思考，而且通过回答问题也提高了英语表达能力，实现了语言学习和文化学习的结合。

（二）词语联想

词语联想是词汇文化教学的一种方法。词语不仅具有概念意义，还具有内涵意义，而词语联想的方法可以让学生看到词汇内涵意义在不同文化中的差别。词语联想这一方法的优点是：可以让学生了解到词语的文化内涵，并了解词语内涵意义的文化差异；加深对于词语的理解和记忆，扩大词汇量。

词语联想的教学步骤是：把具有丰富文化内涵或者文化差异较大的词语写在黑板上；

让学生尽量多地想出跟这个词语相关的词语；教师解释该词语在英语中的内涵意义是什么，包括褒贬色彩、象征意义及常用搭配等；把外国人会联想到的词语与学生们联想的词语作比较，使学生了解该词语含义的文化差异。不同文化的学生可能联想到不同的词语，借此可以了解这些词语在外语中的特定文化内涵。

（三）角色扮演

角色扮演是语用文化教学的重要方法，也是课堂交际活动的常见形式。使用角色扮演方法来学习文化的优点是：便于学生理解语言使用与语境之间的关系，提高言语行为的得体性；帮助学生理解语言使用规则与文化的密切关系，理解语言使用背后的文化含义；提高学生在真实环境中的交际能力；体现了语言形式功能和文化的有机结合。

英语教学中，角色扮演的活动可以包括以下的教学步骤：学习相关的语言表达方式；教师提供语言使用的具体情境；学生分组表演，实施言语行为；各组在全班表演，教师指出在外国文化环境中哪些是得体、礼貌的行为；师生讨论在不同文化中类似情景是如何表现的。

（四）文化比较

第二语言教学是跨文化的教学，课堂提供了进行文化比较和跨文化互动的机会和平台。文化比较的方法在语言文化学习中占有中心的地位。文化比较作为文化教学的方法或活动，有以下的优点：通过比较可以加深学生对于不同语言和文化特征的理解；可以提高学生的跨文化意识和文化敏感度；可以培养学生对于不同文化行为和观念的宽容态度；可以增强学生对语言和文化学习的动机和兴趣。文化比较是大多数外国留学生都比较喜欢的课堂活动。

文化比较的内容范围很广，可以是词语含义的比较、语用表达和规则的比较，也可以是文化习俗和观念的比较。另外，文化比较的范围不局限于目的语文化与学生自己文化的比较，也可以是学生之间不同文化的比较。让来自不同文化背景的学习者表达自己的看法或者叙述自己国家的习俗，都是在进行跨文化的对话和交流。教师的任务是为他们提供表达自己看法的机会，提供跨文化互动和交流的平台。文化比较往往是其他文化教学活动的一部分，如在角色扮演、小组任务案例分析等活动之后都可以进行跨文化的比较。

（五）小组任务

小组任务是语言课堂的交际活动之一，也是任务教学法的主要方式。在文化教学中，使用小组任务的形式的优点是：活动以意义为中心，具有真实交际的特点；话题的讨论与语言形式的使用相结合，体现了语言教学与文化教学的融合；提高了学生使用语言进行互动和协商的频率和质量；小组活动可以降低学生的焦虑情绪，增强学生学习语言和文化的动机和兴趣。

小组任务形式多样，包括采访、交流看法、解决问题、问卷调查、辩论等。影响小组任务成功完成的因素主要有两点：一是教师需要制作供学生使用的任务单，把任务具体化；二是要列出学生完成任务所需要使用的词语和表达方式。

（六）观察与采访

观察与采访是人类学提倡的文化学习方法。对于在目的语环境中学习语言文化的学生来说，观察与采访是对学习很有帮助的文化活动。观察与采访的优点是：所获得的文化信息比较真实可信，可以帮助学生从局内人的角度来把握目的语文化的特点；为学生提供了与当地人交往的机会，可以让学生锻炼用目的语进行真实交际的能力；有助于培养学生对不同文化的积极态度，避免其对不同文化过度概括和刻板的印象；训练学生听、说、读、写的综合能力，是文化教学与语言教学的结合。

观察与采访的内容很广泛，可以包括观察和采访目的语文化的人们在家庭、婚姻、交友、消费、高考、就业、留学、环境保护、衣食住行等方面的行为和观念。需要注意的是，课外的观察与采访需要与课堂的讨论和概括结合起来。

观察与采访这一学习方法的主要环节包括：教师在课上布置观察与采访的具体任务和要求，任务单要具有可操作性；学生在观察、采访中记笔记或者录音，并作文字整理；学生在课堂上汇报和交流观察与采访的情况；全班对观察、采访的结果进行概括和比较，找出目的语文化的一些特点。

第二节　跨文化视域下英语教学的原则和方法

跨文化视域下的英语教学、文化教学在英语教学中的重要性毋庸置疑。英语教学中漠视文化差异的存在或对目的语文化盲目崇拜的情况屡见不鲜，这与教学原则的缺失、教学方法的不当不无关系。

一、跨文化视域下英语教学的原则

（一）认知原则

在确定文化教学的目标时，许多社会文化学家都将文化理解、跨文化交际作为总体目标，而其中的首要目标就是认知目标。认知原则涉及两个方面：一个是对目的语文化的了解；另一个是相关技能的培养，这些技能包括对社会文化现象的观察、辨别和审视技能，对目的语文化与母语文化的比较技能。

跨文化基础上的英语教学中的认知原则，针对的是学生对目的语文化的了解、理解和学习。这一原则将重点放在了解和理解上，而不是放在行为上。

认知原则是跨文化中西文化认同基础上的英语教学的主要原则，原因如下：

①一个人掌握的知识中来自亲身实践的部分所占比例很小，绝大部分来自间接经验。人们学习知识的过程就是间接经验的累积过程。

②认知原则符合我国跨文化基础上的英语教学的实际情况。我国大多数英语教师没有在目的语文化社会学习、生活和工作的经历，这就决定了他们获得目的语文化知识的主要渠道是课堂、书籍和大众媒体。也就是说，他们对目的语文化的认识是间接的，他们所传授的目的语文化知识也是间接的。

③认知原则与学生的培养目标一致。在跨文化基础上的英语教学中，应注意到对不同的学生应有不同的要求。专业为英语、外交、外贸或与此相关的领域的学生，因日后所从事的工作的需要，会与目的语文化及其人民产生直接接触。对于大多数学生来说，重要的是了解并掌握目的语文化中的一般知识。

④认知原则与跨文化基础上的英语教学课程相适应。跨文化基础上的英语教学课程与地理、历史、政治等课程不同。从严格意义上说，文化教学不是一门独立的学科，而是英语教学中不可分割的一部分，因为英语教学的目标是促使学生理解他国社会与文化并具有一定的交际能力。文化能力与交际能力是水乳交融的。因此，除了少数英语、外交专业的学生外，大多数的英语学习者没有必要将文化教学课程作为主干课程或选修课程。在他们学习英语的过程中，教师可以传授一些目的语文化的基础知识。

（二）比较原则

仅有对目的语文化的认知是远远不够的，在英语教学过程中教师还要遵循比较原则。所谓比较原则，就是指在英语教学过程中应注意将目的语文化与母语文化进行比较。英语习得和英语学习不是零起步，而是以母语为起点。来自母语及母语文化的知识是目的语及目的语文化学习的基础。当一个人在学习一门外语时，那些通过母语所掌握的知识和形成的概念就会对其目的语及目的语文化的学习产生影响。

不同文化背景的人具有不同的判断角度、不同的生活方式、不同的价值观、不同的社会和道德规范，因而就不可避免地会产生文化休克。如果教师在英语教学中能经常地对不同的文化进行比较，以加深学生对其差异性的认识，就会减少或消除文化休克和文化暴力的产生。

母语文化的参照作用，通过比较两种文化间在结构、语义及语用方面的异同，培养学生对文化差异的敏感性。通过东西方语言对比，学生接触其文化差异并感知文化冲击，从而提高其交际能力、语言适应力；通过非语言能力的对比，学生感知并掌握西方人隐藏于语言之后的文化内涵，以尽可能地避免交际中的文化差异，提高其交际水平。对比的目的是发现人类文化的共性和个性，超越文化之间的界限，把学生培养成“多文化人”。“多文化人”与普通人的不同之处在于，他们能将自己的智力和情感都投入人类共同的利益，同时承认、接受并欣赏人与人之间、文化与文化之间的根本差异。

（三）同化原则

在跨文化基础上的英语教学过程中，教师仅仅帮助学生了解目的语文化，对目的语文化与母语文化的相似及差异之处进行解释是不够的，重要的是要将所学的目的语文化内容为我所用，这就是同化原则的内涵。

在英语教学过程中，通过比较，我们可以发现两种文化间的差异。对学生有益的部分，应加以吸收同化，以提高学生的人文素养，同化西方文化的意义几乎等同于甚至超过掌握外国语言技能。

跨文化基础上的英语教学中遵循同化原则的依据有如下几个方面：

①任何一种文化都具有民族性，归属于本民族，带有本民族鲜明的特点，然而不同的文化之间也有共通之处。

②任何一种文化的发展都离不开对他国文化的吸收。吸收是为了更好地发展和丰富本国文化。不同的文化相互吸收，相互发展。

③任何一种文化都有长处，但不可避免地存在着短处。在吸收外国文化的同时要注意扬长避短，这样才能更好地为我所用。

④随着信息技术的发展，不同文化间的交流也日趋频繁。在这种格局下，任何一种文化都不可避免地会与其他文化之间产生融合。

总而言之，通过吸收同化目的语文化，母语文化才能得以丰富。在英语教学过程中，文化知识的输入已得到了广泛的认可，并且在教学实践中已经进行了普遍的尝试，但应该提出的是，我们在同化的同时也应该注意到，对目的语文化不能全盘接受，要对其进行批判地吸收。对目的语文化的处理策略是一致的，这三种策略是：同化、保留和采纳。学习者在同化目的语文化的同时，要努力保留自己的生活方式，还要采纳目的语文化的某些优秀元素。

（四）宽容原则

除了以上提到的三个原则之外，宽容原则在跨文化基础上的英语教学中也同样非常重要。宽容原则指的是不歧视目的语文化。具体来说，文化歧视包括了三种类型：民族中心主义、文化定式和文化偏见。

民族中心主义是指某个民族把自己当作世界的中心，把本民族的文化当作对待其他民族的参照系；它以自己的文化标准来衡量其他民族的行为，并把自己与其他文化相互隔离起来。在这种思想的影响下，人们常常会理所当然地认为，自己民族的价值观念、社会规范和社会语言规则，比其他民族的价值观念、社会规范和社会语言规则更加真实、更加正确，而对其他文化则表现得难以接受，甚至抱有敌视态度。

文化定式是一种思维定式，是对于某种特定文化的人或群体的属性的一套信念。从本质上讲，定式是过于一般化的、过于简单化的、过于忽略细节差别的、过于夸大了与某种文化背景的人相关的信念或态度，或是一种简单化的认知方式。

文化偏见是对待他国文化的一种不公正、有偏差的态度。偏见不是一般性看法错误，它是僵化的态度，基于错误的判断或先入为主，是对他国文化采取的否定态度。

在当今经济和社会全球化的形势下，任何一种文化都毫无例外地面临着保存、完善和发展的问题。只有通过互相尊重、互相学习才能共同进步，全球文化才能变得更加色彩斑斓、丰富多彩。要做到这一点，我们就必须对不同的文化采取宽容的态度，建立起理解的平台，遏制文化休克、文化暴力的产生，共筑良好的人类文化生态环境。

（五）适度原则

所谓适度主要是指教学的内容、教学的方法适度。教学内容的适度就是应该考虑该文化内容的代表性问题。属于有广泛代表性的内容，就应该详细讲解，反复操练，举一反三。同时，还要注意处理文化内容的历时性和共时性问题，重点肯定是共时文化（一般来说是当代文化），在某些场合适当引入一些历史文化，帮助学生了解某些文化习俗和传统的来龙去脉也是不可或缺的。此外，教学中导入的必须是与跨文化交际密切相关的文化内容，而不能把文化看成是文学、艺术音乐、建筑、科技、哲学等的综合而在课堂上大量介绍，否则就会影响语言教学效果。教学方法上的适度，就是要调整好教师讲解和学生自学的关系。文化内容广泛而又复杂，教师的讲解毕竟是有选择的、有限的，因而鼓励引导学生进行大量的课外阅读和实践以增加文化知识的积累是非常重要的。

（六）系统原则

跨文化基础上的英语教学的最大问题也许就是缺乏系统性，教师在教授语言过程中，往往对遇到的文化现象随便解释一下，东一榔头西一棒，而且对跨文化基础上的英语教学的内容和方法也无统一、具体的要求。因此，一个针对英语教学文化导入的大纲或指导思想的制定可以说已经迫在眉睫，为此可针对英语教学的各个阶段，分别制定文化导入的原则、内容、方法、途径及要求学生达到的水平，指导英语教学高效、系统地导入交际文化和知识文化的方方面面，避免盲目和混乱，以更好地提高学生的英语交际能力。

（七）实用性原则

实用性原则要求所导入的文化内容与学生所学的语言内容密切相关，与日常交际所涉及的主要方面密切相关，同时也要考虑学生今后所从事的职业性质等因素。这一方面不至于使学生认为语言与文化的关系过于抽象、空洞和捉摸不定；另一方面，跨文化基础上的英语教学紧密结合语言交际实践，可以激发学生学习语言和文化的兴趣，产生较好的良性循环效应。

跨文化基础上的英语教学的研究在我国的历史还不长，系统的研究还有待加深。在英语教学中如何进行跨文化基础上的英语教学对于英语教师来说是一个非常迫切的问题。这里所提出的原则不尽完整，也不能作为唯一的标准，但在一定程度上它们可以对跨文化基础上的英语教学起到一定的指导作用。

二、跨文化视域下英语教学的常用方法

（一）注解法

注解法是大多数英语教材中通常采用的方法。教材编写者将教学材料中容易引起学生理解困难的词语或表达法在课文后用专门篇幅加以注解。这种方法的优点是灵活、简便，缺点是零散、不系统。

（二）融合法

融合法是指将文化内容和语言材料结合在一起的教学方法，适用于语言材料本身就是介绍目的语文化习俗、词语典故、历史事实等内容的教学。这种方法的优点是材料本身容易引起学生的兴趣，文化知识和语言知识的学习对学生可产生潜移默化的效果，缺点是材料的选择和编排有一定困难。

（三）实践法

引导和组织学生通过具体的语言实践，如听、说、读等学习和了解目的语文化知识，可以采用观察、看电视录像、看电影、举办相应的专题讨论等方式。目的语文学作品的阅读也是一种学习外国文化的重要方法，因为一个民族的文学作品是该民族文化的精华部分，是传统文化的积累。

（四）比较法

比较法是跨文化视域下英语教学中一个极为重要的手段。“有比较才有鉴别”，只有通过对比才能发现母语和目的语语言结构与文化之间的异同，从而获得一种跨文化交际的文化敏感性。教师在对课堂的语言材料进行讲解、学生在阅读目的语作品时，均可通过比较法了解英语文化的特殊性。

（五）错误分析法

通过对学生进行所学语言的文化背景知识和英语交际能力的测试，找出中国学生在英语学习过程中易犯的文化错误，从而有针对性地导入文化知识。其实，我们在平时的教学过程中，也要密切注意学生在课堂内外使用英语时易犯的文化错误，以便有的放矢地导入目的语文化，这往往会收到事半功倍的效果。

（六）专门讲解法

专门讲解法是在对比学生的母语文化和目的语文化差异的基础上，选出目的语文化中较为突出的特征，尤其是容易引起交际困难的文化特征，组织专题讲座甚至编辑成教材并开设课程对其进行专门讲解的方法。

跨文化基础上的英语教学并不是只重视文化而不注重语言，更不是以文化为中心，它只是正常英语教学的补充和延伸。把它引入教学并不影响现有各种教学法的使用，也不影响正常的教学安排，因为它不是文化课，而是倡导在讲授目的语语言结构时导入适当的文化因素。导入量可多可少，这取决于学习者的时间、兴趣和教师自身的文化积累。如果能有正确的指导思想和方式方法，英语教学中文化因素的导入必然能调动学习者的积极性和主动性，促进教学质量的提高。

三、民族文化学的参与观察法在跨文化视域下英语教学中的应用

（一）参与观察法与教育

参与观察法就是研究者进入研究对象的生活中，在观察中参与，在参与中观察，既有参与者的身份，又有观察者的身份的一种研究方法。参与观察法要求研究者价值中立、观察准确真实，同时该研究者应具有局内人的感知和局外人的判断，深入个案研究，并对现场观察资料进行分析和理论化。参与观察通常分为三个步骤：进入研究现场、调查收集资料和将资料分析并理论化。将参与观察法运用到教育中，能够从一个新的视角看待教育问题，从而为解决教育问题开辟新的道路。

参与观察法是一种非结构性的观察，这种方法是人类学家研究原始的非本族文化时最常用的一种方法。它是一种质性研究方法，在人类学和社会学中都有广泛应用。借鉴人类学和社会学中参与观察法的精髓并将其应用到教育中，能帮助我们收集更多的有关教育现象和教育问题的材料，从而更容易剖析教育现象，为解决教育问题提供新的途径。

可以很好地避免非参与观察法中的“自以为是”的判断，更能够从参与中透彻了解研究对象。但是，实际操作中容易出现难以融入环境、融入环境后难以跳出环境进行思考等问题。运用参与观察法，需要研究者有身份转换能力、环境适应能力和深厚的理论基础。

教育研究者需要用参与观察法来深入理解教育中存在的问题。很多教育研究者在从事教育研究中了解到在教育过程中普遍存在的一些问题，但是仅仅知道这些还不够，还有一些比较隐蔽的问题未能被挖掘出来。研究者应该深入教育环境中去，以参与者的身份去观察教育现象，在教育环境中深入研究教育问题，剖析教育问题的本质，挖掘出教育问题产生的原因，从而找出解决问题的对策。

（二）民族文化学的参与观察法与英语教学

参与观察法是研究教育问题、促进教育发展的重要研究方法，在跨文化视域下的英语教学中，将民族文化融入英语教学，运用参与观察法进行研究，为我们剖析英语教育问题提供了极大便利，从而深化了我们对英语教育问题的理解。

教育研究者需要运用参与观察法探寻解决问题的有效途径。教育问题具有多样性和差异性，研究者要想真正探究到教育中存在的问题，在跨文化视域下的英语教学中，应将民族文化学的参与观察法运用其中，将民族文化学融入要研究的教育情境，以一个参与者的身份来观察跨文化视角下的英语教学现象，探寻跨文化视域下英语教学中存在的问题，并尊重地方文化及其差异性，把握解决问题的基础与需要，从而促进其形成一个有助于理解教育的反思过程。

民族文化学的参与观察法要求将民族文化深入西方语言文化的生活背景中，在实际参与西方语言文化日常社会生活的过程中进行观察。这种质性研究更容易获得真实资料和现实的心理体验，通过身临其境的亲身观察和体验，发现存在的问题，通过理论建构对教育问题作出解释，进而探寻解决问题的最佳途径。

第六章 跨文化视域下大学生交际能力的培养

第一节 影响大学生英语学习的主要因素

一、文化差异

文化具有普遍性的特征，不管什么文化都包括主观文化和客观文化，其代表了人类共同的物质和精神需要。但它们的具体表现会根据群体和环境的不同而有所差异，这就是文化差异。“性相近，习相远。”文化的共性将我们聚到一起，文化的差异性使我们彼此分开，致使国家、民族、群体等概念形成的重要因素也是文化差异。正是这个原因，文化学习和文化交流才有了动因和基础，假如所有人共享统一的文化系统，就无须进行文化学习了。

文化上的差异对于文化学习的影响主要体现在差异的大小上。文化差异越大，文化学习的难度就越大；相反，文化差异越小，就越容易学习。

二、文化体验

学习者的文化体验对文化学习的影响主要体现在如下三个方面。

①学习者已有的文化体验决定了他们对某些文化概念较为熟悉，对另一些文化概念则较为陌生。学习者对所学内容的熟悉程度对学习这种东西的感知有着直接影响。对于外语教学来说，教师通常会选择一些学生较为熟悉的主题，将所教授的语言点放在学生熟悉的材料中，以激发学生的兴趣，从而更好地吸收知识。文化是人们组织和解释经历的内部机制，所以学生先前的文化体验是其学习新概念的基础。在教学过程中，教师要想引入一些新的概念，既不可以根据学习者的本族文化进行外语教学，也不可以脱离本族文化，将目的文化的环境照搬到外语教学中。最恰当的做法是：在新旧文化之间搭起一座桥梁，从学

习者比较熟悉的文化概念入手，适当引入一些新的、陌生的文化概念。

②一般情况下，人们会根据自己的文化体验理解和组织新的文化经历。有的文化倾向于场依赖的感知模式，有的则倾向于场独立的感知模式。倾向于场依赖的感知模式会将文化看成一个综合、概化的内容，注重合作与和谐；倾向于场独立的感知模式通常对具体、独立的项目进行感知，不依赖他人或周围环境的帮助，注重具体细节，喜欢使用标准的图表。比如，中国偏向场依赖或称“场敏感”的感知模式，归纳、综合是常见的方法，注重合作与和谐。美国偏向于场独立的感知模式，注重独立思维和批判及分析的能力。可见，生活在不同文化中的学习者在理解和组织新的文化知识和经历时会表现出不同的特征，所以就会有不同的文化学习方式。在没有外界干预的情况下，人们通常是根据他们自己以前的经历和期望来筛选和阐释刺激的。当学习者学习一种与本族文化差异较大的文化时，可能还没有形成对这种文化的敏感性，无法感知这种文化的内容，所以教师不应勉强他们立即感知并理解所学文化材料，而应尽可能地吸引他们了解这些文化，帮助其理解和感知所学文化。

需要注意的是，根据文化来划分场依赖和场独立不是绝对的，同一文化中包含各种不同个体，他们的感知模式可能与主流文化的倾向不同，甚至可能相反，所以我们只能说学习者的文化体验对他们的感知模式起一定的作用。文化教学应考虑学习者的感知模式，一方面迎合他们学习方式和特点的需要；另一方面，通过让他们接触不同的感知模式，扩大他们思维和学习的灵活性，接受多种不同方式的教学，这本身就是文化教学的一部分。对此，文化民主教育的目的是帮助孩子们成为双认知的人，即让他们能够用场敏感和场独立两种认知风格，轻松、有效地学习和工作。

③对于不同的文化，在呈现或输入信息及在对信息作出反应或输出信息时，应采用不同模式，形成不同的倾向，并且不同的文化体验会对人们输入和输出信息的方式产生影响。通常，接受过正规教育的学习者习惯语言表达，可以以图片等视觉刺激为辅；而没有接受过正规教育的学习者，用具体直观的方式介绍新知识或许更有效。通过对比不同文化我们可以发现，处在低语境文化中的人们，语言表达直截了当、具体明了，有话直说，不用对方猜测自己的意思，对方可以根据话语理解其含义，所以在这种文化中语言是一个主要的信息输入和输出渠道，其他非语言交际手段为辅助手段。处在高语境文化中的人们，对于语言表达总有些复杂，因为他们的话语含义往往与说话的场合、对象及说话人的话外音有很大的关系。所以，两种文化相互对比，在同一场合中，高语境文化的人们语言表达少于低语境文化的人们，而高语境文化的人们比低语境文化的人们对环境更敏感，更善于通过语言之外的其他信息输入与输出渠道捕捉信息。

可见，文化教学应该在分析学习者对信息输入和输出特点的基础上，设计一些切实可行的方法，运用多种信息输入和输出模式呈现教学内容，鼓励他们用多种手段作出反应，一方面能满足不同学习者学习特点的需要；另一方面可以引导他们了解和接受多种信息输入和输出模式，从而增强文化学习的灵活性。

总之，学习者的文化体验通过影响学习者的感知和认知模式对文化学习起作用。文化教学必须充分考虑学习者的这些特点，以文化多样性为原则，设计教学活动，这样做有如下三个好处。

第一，它使不同风格的学习者享受均等的教育机会。

第二，它促进外语教学，因为语言学习与其他学习一样都是从已知出发去发现未知。

第三，它有利于实现外语教学促进文化理解的目标，因为文化理解的一个方面就是培养学习者感知模式的多样性和灵活性。

从另一个层面说，学习者文化体验（包括本族文化和外国文化的经历）越丰富，他们接触的感知和认知模式就越多，文化学习就越顺利，效果就越显著。当然，这不是一个绝对的理论，因为文化体验也会给文化学习带来负面的影响。其具体体现在如下两个方面。

第一，学习者长期生活在本族文化的环境中，自然会沾染民族中心主义思想，这对外国文化的学习非常不利。

第二，一些不愉快的跨文化交际体验会在学习者的心理上蒙上阴影，使他们对外国文化的学习产生畏惧、厌烦等消极情绪，对外国文化表现出敌视的态度。

三、学习环境

学习者学习文化的环境既可以指其所处的社会大环境，又可以指其接受教育的学校和课堂小环境，两种文化有着密切的联系。

英语教学具体涉及第二语言教学和以英语作为外语的教学，二者的区别是社会文化环境的不同。第二语言教学就是在目的语言、社会和文化环境中学习英语，学习者一方面可以在课堂上学习英语，另一方面能接触目的语言和文化，是一种浸入式的语言和文化学习模式，这种现象在美国、加拿大和澳大利亚等多移民国家极为普遍。相对来说，在英语作为外语的教学中，课堂是学习者学习语言的主要渠道，并且能接触目的语言和文化的机会要少很多。两种社会环境对文化学习有如下几点影响。

①语言与文化的输入量会对学习者的文化学习有直接影响。文化学习不仅需要学习者学习文化知识，还需要他们在情感上习惯并接受文化差异，愿意从目的文化价值观的角度理解目的文化。

②在两种不同的社会环境中学习外国文化，学习者的动机和动力也有着很大的差别。一般来说，第二语言学习者的动力很足，面对目的文化，他们往往有一种迫切感。为了更快、更好地适应主流文化，更好地在这个文化中生活、工作和与人相处，他们利用各种机会学习目的文化，所以效果显著。在英语作为外语的教学环境中，学习者由于缺乏紧迫感，缺少机会，所以学习的动力明显不足。

③在两种不同的环境中学习外国文化，学习者感受到的文化冲撞程度不同。第二语言学习者由于与目的文化接触的机会更多，与目的文化中的人交流的内容更广、更深，因此文化冲撞的频率和程度必然比英语作为外语教学学习者要更高、更强。强烈的文化冲撞可能导致两种结果：大部分第二语言学习者能够通过文化冲撞的经历切实感受到文化之间的差异和冲突，并从中获取很多经验和教训，最终成功完成从文化中心思想向文化相对思想的转变，要么被目的文化同化，要么成为一名具有跨文化交际能力的文化边缘人。另外，有一部分第二语言学习者由于受文化冲撞过度的冲击而退缩，将自己封闭起来，成为封闭型文化边缘人，或干脆保持原来的文化身份和行为特点。在英语作为外语的教学中，学习者虽然不会经受如此巨大的文化冲撞，但正因为缺少文化冲撞的经历，这种不痛不痒的特点使他们的文化学习片面、肤浅，很难达到一定的高度。

④文化学习的环境会对文化学习和教学的方法产生较大影响。外语教学中的文化教学往往受环境的限制，所以教师在设计教学活动时既要考虑符合文化学习对学习者认知、心理和行为各个层面的要求，又要做到因地制宜，保证所设计的任务和活动可行。

四、学习时间

通常，学习者的年龄会在一定程度上影响文化学习的内容和方法。对于任何学习者而言，对本族文化的学习都是从出生那一刻开始的，直到青春期才基本结束，所以这一阶段对本族文化和母语的学习是非常关键的时期，一经错失，再想学就会异常艰难。这是因为，对于人类而言，认知发展的最关键时期就是儿童阶段，人们的整体智力水平、基本的感知和认知结构及性格等基本都是在这一时期形成的，并在以后的生活中得到巩固和发展。

心理学理论对于第二文化或外国文化的学习也有很大的启发性。如果儿童时代是感知模式和认知图式形成的关键阶段，那么外国文化教学就应该在这个时期向学习者灌输多种感知和认知模式，扩大他们的视野，增强他们理解事物的灵活性和多维性。当人们进入少年时代，生理上正朝向成年过渡的时期，是身份感、归属感形成和加强的重要时期，而且是人们对他人或他群态度变化最大的时候，因此这一时期的文化教学应该以培养学习者对目的文化积极、肯定的态度，弱化民族中心主义思想，增强文化相对论思想为中心任务。

尽管学习者的年龄对文化学习和教学的内容和方法有一定的作用，但年龄与学习的关系始终是一个有争议的、极为复杂的问题，没有绝对化的结论，所以不能成为文化教学设计的主要依据。

此外，还有很多因素会影响人们对文化知识的学习和掌握，如学习者的性格因素、所接触的两种文化之间的关系等。总之，文化教学应将各种因素都尽可能地考虑在内，以便合理地设计文化学习的框架和步骤，使设计的活动满足学习者的需要、符合当前的社会环境。

第二节　大学生跨文化意识与能力的培养

一、跨文化意识

（一）跨文化意识的含义

“跨文化意识”指的是在交际过程中承认和理解文化差异的能力，并能有效地在交流中避免文化障碍的能力。跨文化意识是跨文化交际中认知方面的问题，指的是对影响人们思维与行动的文化习惯的理解。跨文化意识要求人们认识到自己具有文化属性，也要基于同样的认识去探寻其他文化的突出特征。只有这样，他们才能在跨文化交际中有效地理解他种文化人们的行为。由于每一种文化都有其独特的思维方式，不同文化之间的误解就往往会在跨文化交际中形成严重问题。

跨文化的问题集中于人的认知方面，但是跨文化意识又与其他可以学习和认知的知识、信息不同，它主要作用于人们对于风俗文化的理解。在跨文化意识的帮助下，人们不仅要理解自己是文化人，也要将其他人看作文化人，并且有意识地探究和理解他国与自己国家之间的文化差异，并将跨文化理论应用到实际的交流中。跨文化意识注重人的认知，忽略了人们对于文化差异的“承认”和“接受”，要想有效地提高跨文化交际的效率，不仅要认识到文化之间的差异，还要接受和理解这种差异。只有这样，人们才能更加顺利地进行跨文化交流。

在跨文化交际中如果能够具备一定的跨文化意识，就能够认识到不同国家之间人们的风俗习惯、行为方式有很大的不同，而这种不同是客观存在的，是合情合理的。虽然有所不同，但并不意味着谁会高人一等，人人都是平等的。在跨文化交际中，必须深入理解和接受不同文化之间的差异，而其前提条件就是要具备一定的跨文化意识。

（二）跨文化意识形成的过程

从获取跨文化意识所经历的重重艰难和挫折我们可以看出，要想使跨文化意识得到提高，就必须克服各种艰难和阻力，同时要意识到获得跨文化意识必须经历一个既漫长又艰苦的过程，并努力坚持，如此才能最终达到使自己满意的跨文化交际能力和文化适应水平。

1. 获得跨文化意识的层次

（1）保持旅游者的心态

这一层次的主要特点是从本国文化的视角去观察其他文化，往往看到的是浮于表面的且孤立的现象，并习惯将这些现象模式化，将某个事件看作普遍的现象，将浮于表面的现象当作文化的本质特征。此时，新来者可能会具有非常强烈的文化偏见，但对新的文化又会有一种新奇感。

（2）有文化休克的现象

由于新来者对新文化缺乏认识，因此常导致文化误解和文化冲突的事件频频出现，新来者在此环境下不免会受严重的影响，如容易感情用事、缺乏理性思考，对新的文化和环境易产生抵触和逃避的态度。无所适从、忐忑不安、抵触心理严重是文化休克的三大主要心理特点。

（3）要具有理性分析和适应的态度

新来者伴随着跨文化知识的增长，对新的环境渐渐有了熟悉感，也开始与新文化中的人进行交往。在这一层次，新来者最大的特点是开始有对自己所遇到的文化差异和文化冲突进行冷静处理、理性思考的能力，而且产生主动了解和想适应的要求。

（4）要具有主动了解和自觉适应的态度

随着对新的环境和跨文化交际的认识和适应，新来者逐渐透过“文化冰山”的阻隔，从之前只注重表面和孤立的文化，转变为深入观察和了解文化的深层含义、了解新的文化特征。其中，新的文化特征主要包括新的民族特色和社会情况、人们的思维方式和价值观、生活习惯和交际行为，新来者正是基于对这些文化特征的认识，才愿意且自觉地提高对这些文化的认识，才能逐渐地承认和接受文化差异。此时，跨文化交际者才将跨文化意识提到一个更高的层次。具体来说，如果新来者愿意做出某些方面的改变，以适应新的文化交际对象和新的文化环境，那就说明其已经达到了初步适应文化水平的能力。

2. 增强跨文化意识的过程

结合本国人的实际，将跨文化意识的过程进行以下简单描述。

①尊重新文化并乐于与新文化的人交往。

②积极参与新文化和/或与新文化的人交往。

③理解新文化的现象与交际行为，并相信这些现象是合理的，是有其文化渊源的。

④愿意调整自己的认识与行为，开始理解并主动适应新的交际环境或文化环境。

⑤达到适应新文化的交际行为和新文化环境的水平。

二、跨文化交际能力

（一）跨文化交际能力的含义

跨文化交际能力指的是在一个多元文化和国际化的环境中生存和发展，能够成功地进行跨文化交际的能力。关于跨文化交际能力的定义，不同的学者有着不同的看法，但通常都会用“有效性”和“适当性”来定义跨文化交际能力。

跨文化交际能力指的是交际者在特定语境下所表现出来的适当和有效的行为。跨文化交际能力的适当性和有效性同具体的语境有关，跨文化交往中的得体性要由交际双方根据具体语境去协调和构建。

跨文化交际能力指的是进行成功的跨文化交际所需要的能力或素质。跨文化交际能力是语言能力、非语言能力、跨文化理解能力和跨文化交际适应能力等方面的综合能力。跨文化交际能力强调与不同文化背景的人们进行有效的、适宜的交际的能力。交际是为达到某一明确目标所进行的活动，跨文化交际能力是由交际的有效结果或目标实现的“功效”来定义的。

从不同角度对跨文化交际能力所做的界定各有不同，但共性依然存在，即交际场景的跨文化性、交际行为的得体有效性。来自不同文化背景的交际者对行为模式、行为规范、社会角色有着不同的认识，其对交际对象在特定场景中的交际行为得体性的判断和行为表现期待均有不同，如果对方交际行为与自身行为规范不相符合，就会产生厌恶、不满的情绪，而交际知识与技能的缺乏和负面情绪的影响就会导致跨文化交际的失败。

跨文化交际能力要求学习者超越本族语和目的语及其相应的具体文化的束缚，深入了解和理解不同文化所具有的思维方式和生活方式方面的异同，努力拓宽视野，尽力培养灵活的、能够适应多种不同社会文化环境的交际能力。跨文化交际能力的很多内容与外语教学密切相关，可以而且必须在外语教学中得以培养和发展。

（二）跨文化交际能力要素及其关系

关于跨文化交际能力的要素，学者们的意见始终不统一。跨文化交际能力包含如下内容。

①能对他人保持尊敬和积极的态度。

②能以描述的方式对待别人，不对他人进行评判。

③能明确认识人与人之间在感知、知识、情感、见解等方面的自然差异。

④能换位思考问题。

⑤能灵活自如地应对不同情景。

⑥能对对方的需求作出准确判断并与之恰当互动。

⑦能从容应对并迅速适应环境的变化。

跨文化交际能力是人们在任何特定文化中应付各种跨文化交际情景的内在能力，这一能力的核心是适应能力。跨文化交际能力在认知方面体现为头脑的开放性、对事物复杂性和多样性的认识及视野和角度的变换能力等；在情感方面的体现主要包括移情能力、对不确定性的容忍度及能够克服偏见与民族中心主义等；在行为方面的体现包括处理交际问题、建立和维持相互关系及完成交际任务的能力等。无论是认知、情感还是行为方面的适应能力，都要通过语言的使用来体现。

三、大学生跨文化意识与能力培养的途径

（一）提升教师自身的文化修养

教师作为教学的主导，其教学观念直接影响着教学的方式、内容和成效。教师如果自身文化素养不够高，就很难在课堂上很好地对学生进行跨文化意识与能力的培养。我国大学英语教学中跨文化交际意识与能力培养的一个重要问题就是受教师观念及自身素质的制约。我国很多从事大学英语教学的教师缺乏海外留学经验，这使得他们无法生动形象地讲授英语国家的风俗文化和文化差异的各种现象，无法更好地进行言传身教。

为了迎合新时期大学生跨文化交际意识与能力的培养需求，可以开辟多种路径，如给教师提供出国工作和学习的机会，鼓励他们去国外进修学习。同时，教师自身要持续学习，具备鲜明的跨文化交际意识，不仅要了解不同文化之间的区别，还要了解这种区别背后的深层原因，这样才能更好地传授学生文化知识，帮助学生形成正确的跨文化交际观念。此外，高校可以邀请国外相关方面的专家或教师进行交换学习或开展讲座等，还可以

适时引进外籍优秀教师和学者，提升国内教师整体跨文化水平。总之，只有教师具备丰富的跨文化知识和交际经验，才能更有效地培养学生的跨文化意识，增强学生跨文化交际能力。

（二）加强学生对跨文化知识的学习

不同民族有其自身独特的语言，这些语言都是民族文化特色的重要组成内容。在英语学习过程中，教师要引导学生正确认识语言与文化之间的关系，并正视不同文化之间存在的客观差异，从观念上进行思维转换，帮助学生形成更加完善的认知。只有这样，学生才能消除语言学习中因文化差异而引起的不必要的误读，加深对英语学习的理解与掌握。在具体的教学过程中，教师要从不同层面出发，如词汇、句法、语用、思维等，对中西方语言与文化进行科学对比，提高学生跨文化交际意识和能力。下面就具体介绍英汉语言与文化之间存在的诸多差异，以便师生参考和学习。

1. 英汉语言词汇差异

（1）构词差异

在构词方面，词缀法、复合法都是英汉语言重要的构词方法，这里重点对这两种方法进行介绍。词缀法就是在词根上加上前缀或后缀构成另一个与原义稍有不同或截然相反的词。

汉语中的词缀较为简单，主要有下面三种形式。

第一种是前缀，即词缀+词根，如“老虎”。

第二种是后缀，即词根+词缀，如“瘦子”。

第三种是叠音后缀，即词根+叠音词缀，如“红彤彤”“暖洋洋”。

与汉语相比，词缀法是英语构词法的核心，由词缀构成的词汇数量非常庞大。这里主要介绍下英语词缀中的前缀和后缀。

英语前缀通常不会改变词性，仅改变词义。

表示否定意义的前缀，如下几种前缀均表示“不”。

un-，如 unhappy（不高兴的）。

dis-，如 disagree（不同意）。

in-/im-，如 incorrect（不正确的）。

ir-，用于以 r 开头的单词，如 irregular（不规则的）。

il-，用于以 l 开头的单词，如 illegal（不合法的）。

mis-，如 misuse（错用）。

non-，如 non-smoker（非吸烟者）。

表示其他意义的前缀列举如下：

re-表示“再；又；重”，如 rewrite（重写）。

a-表示“的”，可以构成表语形容词，如 alone（单独的），alike（相像的）。

tele-表示“远程的”，如 telephone（电话）。

en-表示“使”，如 enlarge（扩大）。

inter-表示“关系”，如 Internet（因特网）。

与前缀不同，英语中的后缀通常会改变词性，构成意思相近的其他词性的词。此外，少数英语后缀能改变词义。

动词后缀列举如下：

-fy，如 beauty→beautify（美化）。

-en，如 sharp→sharpen（削）。

形容词后缀列举如下：

-en，如 wood→wooden（木制的）。

-ful，如 care→careful（小心的）。

-less，如 use→useless（无用的）。

-ous，如 fame→famous（著名的）。

-ish，如 self→selfish（自私的）。

-ive，如 collect→collective（集体的）。

复合法简单来说就是将两个或者多个独立的词语连接在一起组成新词的方法。英汉语复合法的区别在于汉语由语素构成，构词不仅是从词性上来分类，更重要的是从语素之间的关系来分类，即动宾关系、主谓关系、动补关系、偏正关系等。相比之下，复合法是英语构词的主要方式之一。具体来说，英语复合词可以分为复合名词、复合动词、复合形容词。

复合名词是英语中最常见的复合词。复合名词的构成形式有以下几类。

①动词+名词。例如：

chops+sticks=chopsticks（筷子）

②名词+动词。例如：

heart+beat=heartbeat（伤心）

day+break=daybreak（黎明）

snow+fall=snowfall（降雪）

hair+cut=haircut（理发）

③名词十名词。例如：

boy+friend=boyfriend（男朋友）

north+east=northeast（东北）

foot+ball=football（足球）

post+card=postcard（明信片）

④形容词+名词。例如：

black+board=blackboard（黑板）

dead+line=deadline（截止日期）

⑤副词+名词。例如：

off+chance=offchance（不容易有的机会）

over+due=overdue（逾期）

on+line=online（在线）

⑥动词+副词。例如：

take+over=takeover（接管）

⑦副词+动词。例如：

out+put=output（输出）

复合动词一般是在复合名词和复合形容词的基础上，通过词类转化法或逆生法而构成的。此外，副词与动词可以构成复合动词。例如：

out+go=outgo（比走得远）

under+go=undergo（经历）

复合形容词的后半部分主要包括名词、形容词、副词及具有形容词性质的-ing 分词或-ed 分词。例如：

duty+free=duty-free（免税的）

green+blind=green-blind（绿色色盲的）

ever+green=evergreen（常绿的；永葆青春的）

关于英语复合词的词性，通常可以通过以下三种方法确定。

第一，如果两个词词性相同，那么它们构成的复合词的词性也不变。例如：

news（名词）+paper（名词）=newspaper（名词）

上面两个原有单词都是名词，合成的 newspaper 也是名词。

第二，如果词语词性不同，那么它们构成的复合词词性与最后一个词相同。例如：

water（名词）+proof（形容词）= waterproof（形容词）

第三，如果是介词和其他词合成，那么构成的复合词其词性归属其他词。例如：

under（介词）+take（动词）= undertake（动词）

（2）词汇文化内涵差异

对中国学生来说，其在学习英语词汇时，往往喜欢把一些单词与汉语词汇进行联系，以便记忆。实际上，语言也属于一种特殊的文化，是文化的重要写照。我们在运用某个单词时，不能仅仅注意其表面的意思，还要从跨文化的角度进行深层次揣摩，如此才能准确理解词汇所表达的内涵。

以红色为例，在西方，red 除了代表本义外，大多含有贬义含义，如人们看到红色会联想到流血、危险等，因此西方人大多认为红色是不吉利的。相反，中国红是中国文化的象征颜色，红色承载着中国人的历史记忆，是中国人的文化图腾。在民间，红色是一种吉祥喜庆的象征，代表着红红火火的中国年。可见，中西方人对红色的联想截然不同，红色在英汉语中有着不同的联想意义。

2. 英汉语言句法差异

英汉语言在句法层面也存在诸多差异，这里重点介绍下面两点。

（1）句子语态差异

英语句子有很明显的物称倾向，常常选择不能施行动作或无生命事物的词语作主语，特别是理论性或信息性的问题表达中更习惯采用被动语态。

从语法结构上说，英语中存在十多种被动语态，并且时态不同，其被动语态结构也存在差异，如一般现在时被动语态、一般过去时被动语态等。当然，不同的被动语态其所代表的意义也必然不同。

与西方人不同，中国人做事通常侧重动作执行者的作用，体现在语言层面，就是习惯人称化的表达，常用主动语态，以陈述清楚动作的执行者。虽然汉语中也存在被动语态，但其主要用来表达不希望、不如意的事情。受文化差异的影响，汉语中的被动语态往往比较生硬。

（2）句子重心差异

在句子重心方面，英语句子一般重心在前，而汉语句子与之相反，即重心在后。也就是说，英语句子一般将重要信息、主要部分置于主句之中，位于句首；而汉语句子一般将重要信息、主要部分置于句尾，次要信息、次要部分置于句首。

3. 英汉语言运用差异

跨文化交际之所以会出现许多问题，大多是由于中西方的文化差异直接引起了语用上的差异。

4. 中西方价值观念差异

中西方在价值观方面存在诸多差异，这里主要从以下几个方面进行说明。

（1）天人合一与天人二分

中国人在传统汉文化的熏陶下，形成了天人合一的审美趋向，倡导个人与自然融为一体。我国古代很多哲学家都强调天人合一观，如老子、庄子等，他们提倡在审美中应该张扬人与自然的天性，一切都应该顺其自然，不可人为强制。这种天人合一的精神延续了数千年，可以说是中国传统文化的精髓。中国人往往认为，人与自然是一体的，因此人类要懂得欣赏大自然，不仅如此，还要将自身融入自然，实现人与自然及人与社会的和谐。这也是中国人格外偏爱体物寓兴、寄情于物的根源所在。

西方文化的根本是主客二分，西方人强调要尊重个体，认为人是独立个体的存在，除人之外的外在世界都是人这一主体的对象，是客体。人作为主体，除了必须分离自然，还要对客体进行客观、冷静的观察、思考、研究乃至分析。西方文化在审美上注重对自然的模仿，将文化的本质视为对自然的一种模仿。例如，希腊作为西方文化的发源地之一，其最突出的文化表现形式是雕刻与叙事诗，这就是西方人审美标准的最直接的外在体现，因为雕刻与叙事诗是一种典型的写实风格，所以很好地体现了主客二分的审美模式。

（2）和谐观念与竞争观念

中国是农业大国，表现出明显的“重农主义”，将农业视为立国之本。在中国传统思想中，我们十分提倡重农轻商、重本轻末。百亩之田，勿夺其时，数口之家可以无饥矣。在中国古代社会，商人往往被人轻视，这是一种普遍现象，当时社会中流传的一个说法是“士、农、工、商”，从这一排序中我们就可以明显地看出商人的地位，“商”处于最末。

中国古代社会形成重农思想的根源，主要在于古代人以农耕为主，依靠河流而生，通过农业解决温饱问题，长期处于一种自然的经济状态中，因而逐渐形成重农主义思想也是顺理成章的。

与个人主义强调的竞争意识相比较而言，重农主义十分注重天时地利人和，提倡合作精神、协调关系，例如，“远亲不如近邻”“家和万事兴”等都是对和睦、和谐的推崇与追求。

从社会发展历史我们可以看出，西方社会所表现出的典型特点是“重商主义”。

商业文明十分推崇个人的奋斗精神。在西方社会，“权力、地位、声望、金钱”都不是天生就有的，并不能简单地通过继承遗产或者高贵的血统来获取。个人想要获取财富、地位，实现自己的理想，只有通过自己的努力和奋斗才能实现。在这种思想的影响下，西方逐渐形成了个人主义的精神。

作为社会中的一分子，个人应通过竞争和自己的努力来获取资本及各种机会，人应该勇于面对和接受各种挑战，将自己放在与他人竞争的同等位置，从而充分激发自身的潜力及战斗力，通过行动来追求速度、结果、效率。西方人非常推崇达尔文所提出的进化论思想，“物竞天择”是西方人的人生信条之一。

（3）重义轻利与重利轻义

中国人受传统文化的深刻影响，形成了重义轻利的观念。在义与利的关系上，提倡“义以为上”，要求把群体的利益置于个人利益之上，突出“义”的普遍性和绝对化，反对唯利是图，力图通过这一观念来解决个人与社会的矛盾，避免由于利益的冲突产生个人与社会的对立。在这种精神的影响下，中国历史上出现了很多舍生取义的民族英雄，他们为了国家和民族的利益不惜牺牲自己。一方面，中国传统文化中的重义轻利观念对维护社会的稳定起到了很大作用；另一方面，过度鄙视和看淡个人利益，否定对物质的合理追求，并不利于人的全面发展，这也在一定程度上压制了人们的进取意识，对社会发展造成了一定的负面影响。

西方人崇尚个人主义，主张个人的生存与发展都依赖自己，每个人都要对自己的行为负责。在西方家庭中，成员通常是自由的，个人对家庭的责任被大大淡化，而且家庭成员之间的财产分属十分明确。在人与人之间的关系方面，西方文化强调平等与自由，人们爱人如爱己，而当矛盾发展成为激烈的冲突时，人们往往诉诸法律。可以说，西方人具有十分强烈的法律意识，早在古希腊时代，人们就提出了“社会契约”的观点，将法律视为调节人与社会、人与人冲突的重要杠杆。一方面，西方文化讲求人人平等、自由，注重个人的人格与尊严，这无疑能促进人们内在潜能的开发，也是推动社会整体进步的不可或缺的思想动力；另一方面，过于个体本位必然会淡化亲情关系，导致人际关系的冷漠，而松散的家庭结构不利于整个社会的稳定与和谐发展，不利于向心力的加强，也不利于形成强大的民族凝聚力。

5. 中西方思维模式差异

在思维模式方面，很多学者都用直线型来形容西方人的思维，认为这种思维主要受古希腊、古罗马的传统影响。具体来说，中国汉字易于勾起人们对现实世界里事物形象的想象或联想，因此这种意象化语言的长期运用，使得中国人的思维路线呈螺旋型，具有较强的立体感和间接性。

首先，这种思维过程常常表现为重复性的深化阐述，这样做或是为了强调，或是因为问题复杂，仅靠一轮论证还不足以厘清概念、阐明问题，所以需要再来一轮阐述；但这种重复并非在原有基础上的简单重复，而是更进一步、在更高层次上进行的思索与论述，是螺旋型上升式思考。

其次，中国人的思维具有明显的间接性或者迂回性，即思考问题时喜欢拐弯抹角。在不便明说或难以启齿，或在和陌生人尤其是有重大利害关系的人打交道时，他们经常采取迂回的方式，或朝着目标绕道而行，或拐弯抹角地暗示主题或意图。中国人撰写的文章往往是以笼统、概括的陈述开头，各个段落里常含有似乎与文章其他部分无关的信息。在交际中，中国人相对比较内敛、含蓄、隐忍，处世态度中庸。

西方人在思维中长期采用线型连接和排列的文字符号，这使他们的思维路线呈直线型，具有较强的直接性。这一思维方式会映射在写作、交际等方面，所以西方人写文章时喜欢直奔主题，在日常交际中显得较为直接、外露、开放。

（三）充分利用课堂教学

课堂是学生学习英语语言与文化知识的主要场所，因此教师应高效利用课堂时间展开教学。具体来说，教师需要在以下两个方面格外注意。

1. 重视课前预习

在课堂教学正式开始前进行预习是非常重要的。教师可以要求学生在课前通过各种途径查询与教材内容相关的文化背景知识，并在课程讲授前与学生展开分析与探讨。这样通过收集和查阅资料，学生已经对中西方节日文化的相关知识有了大致了解，在教师正式讲授时会更顺利地理解教材内容，吸收教材知识。

2. 重视课堂讨论

讨论能够活跃课堂气氛，还能调动学生的积极性，启发学生的思辨能力。因此，教师要多组织课堂讨论活动。例如，教师可以让学生就收集的资料进行课堂分享，学生由于提前进行了查询工作，分享时就会更加自信，尤其是对于语言基础较差或性格较为内向的学生来说，分享可以使他们受到鼓舞，树立学习英语的自信心。此外，由于学生收集资料的途径不尽相同，分享发言的角度也有所不同，因此学生可以互相学习、取长补短、共同进步。

（四）努力创设第二课堂

课堂时间毕竟有限，学生难以得到充分的交际训练，因此不能仅仅依靠课堂教学培养学生的跨文化交际意识与能力。对教师来说，应有效利用课外时间，努力创设第二课堂，组织各种课外活动，营造一个自然的英语学习环境。教师可以结合具体教学情况，组织与跨文化交际主题相关的实践活动，如学习沙龙、英语角、英语辩论赛、英语演讲比赛、英语话剧表演等。这一方面可以激发学生对英语学习的兴趣，另一方面学生通过参与这些活动，可以得到训练，提高跨文化交际能力。此外，教师可以鼓励学生阅读优秀的英语国家文学作品，或欣赏反映中西方文化差异的优秀影视作品，在阅读和欣赏中学习文化知识，提升文化素养。

第三节　大学生跨文化非语言交际能力的培养

一、影响大学生跨文化交际的主要非语言交际因素

非语言交际是指运用各种非语言信息符号进行的人际交往，其与语言交际共同构成了交际的两个层面，在人际交往中发挥着重要作用。无声语言所显示的意义要比有声语言多得多，而且深刻得多。因为有声语言往往要把表达意思的大部分甚至绝大部分隐藏起来。然而，在现实社会中，人们对非语言交际并没有给予足够的重视，一般仅是下意识或潜意识地运用或者解释它，这就造成很多不必要的误解与隔膜。因此，非语言交际也是跨文化交际研究中的一个重要内容。

非语言交际包括非语言行为和非语言手段，主要包括体态语、副语言、客体语、环境语等类型。其中，体态语和副语言属于非语言行为，客体语和环境语属于非语言手段。可见，非语言交际内容丰富，形式多样。对我国大学生来说，在跨文化交际实践中影响最大、最易形成交际障碍的是不同文化的时间观、空间观、肢体语言等的差异。

（一）中西方时间观差异

时间在人们的日常生活中起着重要作用，不同文化背景中的人对时间文化取向及守时、时限等概念的态度存在很大差别。

1. 多时制文化与单时制文化

英语国家属于单时制文化，东方国家属于多时制文化。

多时制文化整体表现为同一时间做多项工作，并且工作易受干扰，时间承诺只是一个理想目标，可以轻易地改变计划。而单时制文化整体表现为一次只做一件事，并且做事专心致志，认真履行时间承诺，遵守计划。

具体来说，在守时方面，英美人非常看重时间，注重守时，工作和日常活动往往都有精确的日程表，超过5~10分钟就算迟到。而其他一些国家，如阿拉伯人迟到的标准是半小时。

在时限方面，英美人讲究效率，做事喜欢开门见山。为了合理利用自己的时间，西方人在开始做事之前往往会进行细致、周密的规划，以保证事情的顺利完成。东方人做事则更重感情和人情，注重人际关系的维持。

在对早到的态度方面，中西方也存在差异。例如，英美外籍教师邀请中国学生到家中进餐，中国学生往往会出于好意，提前很长时间甚至一两个小时来看是否需要帮忙。而外籍教师认为这打乱了他的计划，给他增添了不必要的麻烦。

2. “过去”时间观与“将来”时间观

中国有灿烂、悠久的历史文化，每一个中国人都不能忘本，不能遗忘历史，每一个炎黄子孙都应该以中国数千年的文明为傲，忘记历史就是一种“忘本”的表现，在这种思想的深刻影响下，中国人牢记过去的仁义道德，用过去的标准来评判现代人的行为，如“前所未有”“闻所未闻”等。

当然，虽然现代社会中的中国人不再特别看重过去的历史，而是将心思放在未来的发展上，但不可否认，“过去”时间观念依然存在于中国人的内心深处。

在美洲大陆所形成的文化体系主要表现为独立和自主，认为每一个人都应该通过自己的努力实现自己的目标与理想，因为社会是平等的。西方人认为时间一去不复返，是不能倒流的，所以人们不会抓住过去的事情不松手，而是更多地将精力放在未来，提倡享受生活。由此，西方人认为时间就是金钱，是十分宝贵的，因而在现实生活中每一个人都争分夺秒，不舍得浪费自己的宝贵时间。

（二）中西方空间观差异

所谓空间观念，就是人们在历史发展过程中所形成的、与交际距离及空间距离有关的一种约定俗成的规则，还包括人们在交往过程中所具有的领地意识。

不同文化在空间观念方面存在明显差异，主要体现在领地意识与空间取向两个层面。

1. 领地意识差异

受聚拢型文化理念的影响，中国人在日常生活中喜欢与人分享信息，这意味着中国人在心理上所具有的隐私范围是比较小的。例如，同性朋友经常手拉手或勾肩搭背，以示其亲密的朋友关系。总体来看，中国文化具有接触性文化的特征。

英语文化则属于非接触性文化。在英美等国家，亲密距离一般适用于夫妻、父母与子女或异性恋人之间，同性朋友交往时很少保持这种距离。

2. 空间取向差异

中西方文化在空间取向上具有明显的差异。空间取向指的是交际过程中交际双方所处的方位、位置等。以座位摆放情况为例，中国人在谈判或开会时，往往会面对面就座，尤其是在一些严肃的场合更是如此。在上级批评下级的时候，上级坐着，下级往往隔桌站立。在学校的教室中，桌椅安排都是固定有序的，不会轻易改变，且桌椅基本上采用传统的以教师为中心的摆放模式，教师站得高、离得远，对学生情况一目了然，这也显示出教师的权威。

西方人的座位摆放更具有随意性的特点，他们在开会或谈判的时候往往呈直角就座，如果两个人在同一侧就座，那么意味着这两个人的关系十分密切。另外，西方学校的教室里桌椅的安排不是固定不变的，他们往往会根据教学需要来排放座位，有时直接弃之不用，师生围坐在地板上上课，这营造出一种轻松的教学氛围，也体现了平等的师生关系。

（三）中西方肢体语言差异

肢体语言简单来说就是身体语言，是通过身体的动作来表情达意的一种沟通方式。用肢体语言进行交际，没有固定的法则和明确的符号。肢体语言非常丰富，通常和语言搭配使用，起着加强语气或补充的作用。因此，在交际中，交际者必须了解对方的肢体语言。广义的肢体语言包括身势语、身体接触、眼神交流和表情。

1. 身势语差异

身势语是文化和交际的重要组成部分，可以说和语言同样重要。在不同的文化中，身势语的意义可能是不同的。南欧、中东、拉丁美洲地区的人们讲话时动作较多，幅度也较大；北欧、英美、亚洲的人动作较少，幅度也较小。

2. 身体接触差异

身体接触的原因有很多，大致包括下面几类：第一类是友爱，如亲友分别许久后再次见面时的握手和拥抱；第二类是社交，如握手和礼仪性质的拥抱；第三类是功能，这种接触通常是职业性的触摸，是冷漠的，不包含个人感情成分。

文化可以根据不同民族的人的身体接触的多少进行分类，具体可以分为“接触性文化”与“低接触文化”。具体来说，寒冷地区人际关系往往比较冷淡，属于低接触文化，这是因为寒冷地区的人主要关注工作任务的完成，不需要过多的身体接触。相比之下，气候暖和的国家多属于接触性文化，因为气候温和地区的人们常常进行户外活动，相互之间关系较密切，身体的接触也较多。

在中国，异性之间在公开场合身体接触较少，在公开场合很少拥抱和接吻。不过，随着现代社会的不断发展，这种现象有了较大的改变。在西方国家，两个年轻的同性手拉手在街上走路，往往会被认为是同性恋者，异性间同样的行为却被视为很自然。

在接触婴孩方面，中西方文化也表现出明显的差异。在中国，触摸小孩是一种亲昵的举动，可以摸摸孩子的头，也可以抱过来亲吻。但是在西方国家，人们都不随便触摸或亲吻孩子，除非是家庭成员或极为亲密的朋友关系。

3. 眼神交流差异

眼神交流包括多种情形，如看不看对方、什么时候看、看多久、看什么人。注视对方的不同情况取决于相遇的场所。

在亚洲的许多国家，人们认为讲话时眼睛直视对方是不礼貌的，尤其是下级在听上级讲话时，下级往往向下看以表示尊敬。

在西方国家，熟人之间交际时都应注视对方。任何一方不看对方，都可以表示特定的意义，如害怕对方、轻视对方、感到内疚、漠不关心等。在对公众讲话时也要和他们进行眼神交流。听的人一般要注视着说话人的眼睛或脸，表示自己在听。盯着对方看或看得过久都是不合适的。对于陌生人，通常都是目光接触后立即移开，如果迟迟不挪开视线，往往包含着好奇、喜爱、发生兴趣等含义。

4. 表情差异

不同的民族表达感情的方式不同，在面部表情上也有不同的体现。中国人通常喜怒不形于色，西方人的面部表情则较多。不同文化背景的人，面部表情的含义也有所不同。举个最常见的例子，笑表示心情愉快，这对于每个国家的人来说都是如此，但是在微笑方面同样存在细微的民族差异。笑总是表示高兴、情绪高昂或者认为某件事很滑稽，日本妇女则会因为慌乱或尴尬而微笑。

二、非语言交际的功能

虽然我们用声音器官说话，但我们用整个身体来交谈。这句话说明了非语言交际在人们的日常交际中所起的重要作用。在日常交际中，非语言交际的功能主要包括以下几种。

（一）补充

用来补充语言没有表达出的信息，增添了更多的言外之意，对语言起到修饰和描述的作用。例如，当某个人道歉说“对不起”时，如果只听声音，可能会没有太大触动，但是如果同时看着对方的脸，听着对方说出“对不起”，那么这个道歉所体现出的力量会大得多。

（二）重复

即重复语言信息的意义。例如，示意一个人停止讲话时，在嘴里说出“停”的同时，可以做出一只手顶住另一只手的姿势，以此强调暂停。

（三）调节

非语言行为可以作为控制谈话的重要方式，如人们可以通过眼神、点头或摇头、语调变化等来调节或控制交际。

（四）替代

非语言交际不仅具有重复功能，有时还可以直接替代话语，此时人们是使用动作来完成交际的。例如，在会议室里，如果要跟某人互动，可以不用大声呼喊，而是向他摆手，并将手指向见面地点。

（五）否定

非语言交际有时会“出卖”语言，换句话说，有时候人们的非语言行为透露的信息与语言行为并不一致。例如，你告诉别人你很轻松，但是同时你的手在摇晃，声音也在颤抖，这就表明你的内心其实并不轻松。可见，在很多情况下，非语言行为更能反映一个人内心的真实状态。

三、大学生非语言交际能力培养的策略

（一）改变教学思想，提升跨文化非语言交际意识

大学英语教师在教学思想上要认识到：大学英语教学的最终目的在于运用目的语展开交际。在交际过程中，为了避免发生文化冲突，我们就必须重视非语言交际。因此，大学英语教师需要提升自身的跨文化交际意识，在日常工作中注重研究非语言交际，通过对非语言交际手段、行为的学习，提高自身的非语言表达能力，进而提升交际的效果，使自己的一言一行更为得体。

另外，在大学英语教学中，教师要有目的、有意识地向学生讲述非语言交际的内容。在大学英语课堂教学中，教师要对非语言交际的手段进行灵活处理，并介绍中西方在非语言交际层面的差异。例如，英语国家的“OK”的手势可以表达成功、一切均好等意思，但是在汉语中并不具备这一含义。同时，在大学英语教学中，教师可以将教材中提及的非语言交际手段运用到口语训练或者生词讲解中，让学生对两种语言的非语言交际行为进行对比与讨论。

（二）恰当运用英文影视、电子教材、网络等现代教学手段

电视、电影等是对非语言交际手段的表情动作、姿态等进行观察与研究的重要手段与材料。教师在组织学生观看电影、教学片时，应该让学生注意其中的动作与行为，尤其是非语言行为，观察他们在什么情况下、什么时候、对谁运用怎样的手势，并明确其表达的具体含义，之后教师可以设计相关问题让学生解答，如此一来，学生就能够对这些非语言行为有清楚的了解。

（三）创设跨文化交际活动，让学生在实践中加深理解

大学英语教师应该鼓励大学生参与一些跨文化交际活动，让他们对不同文化的差异性有切身感受，通过与不同文化背景下的人们进行交流，习得应变能力，并运用所学的知识对跨文化交际中遇到的非语言交际行为问题进行有效解决。

在不具备目的语的环境下，学生能够运用到的最有力的资源就是外籍教师，现在很多大学都有外籍教师，他们就是进行非语言交际的活教材。大学生应多和他们进行交流，观察他们在说话时所运用的非语言交际手段与行为，这样才能够不断提升自身的跨文化非语言交际能力。

（四）引导学生运用报纸、杂志等媒介对非语言交际语料进行收集

要提升大学生的跨文化非语言交际能力，除了教师的知识灌输，学生也需要把握好业余的时间，如可以通过报纸、杂志等，对西方国家的非语言交际知识进行了解，尤其是了解彼此的差异，收集非语言交际的语料，配上语言素材，从而编制成短剧加以表演，这样学生不仅可以加深印象，还可以丰富自己的业余生活。

第七章 跨文化视域下大学英语的教学模式

第一节 ESP、EAP 视域下的大学英语教学

随着我国国际地位的提高和经济发展速度的不断加快，社会对既具有专业技能又精通英语的人才的需求量也大大增加。专门用途英语作为世界经济领域专门行业的通用交流语言，越来越显示出重要的作用。而高校作为为社会培养复合型人才的基地之一，在传授学生专业知识的同时，应该开展与专业相关的 ESP、EAP 教学，培养出各个专业领域具有较高英语应用水平的人才，以满足社会的需要。

一、ESP 理论与大学英语教学

（一）ESP 研究与发展

1. ESP 的研究

（1）语域分析

研究语言的使用必须引入话语理论，对语篇样本进行动态分析。社会语言学家提出了言语行为、言语事件、言语情境、言语规则等概念，这些概念对认识和研究 ESP 颇有裨益。言语行为，是人们在进行交际时的语句，是言语活动的最小规定单位。一次交际活动可能包含一个或多个语句，一次或多次交际活动便构成一个言语事件。言语活动必须在一定的言语情境中进行，具体的语境难以计数，但与语言使用的相应语境类型是有限的。语境因素十分复杂，大致可以分为三大类：话语范围、话语方式和话语基调。这三种因素分别影响语言的概念功能、语篇功能和人际功能。语句特征随语境的不同而发生变异，产生相应的语言变体，形成具体的语域。与 EGP 相比，ESP 无论是在动词形式、动词时态，还是句子类型、句子长度等诸方面都呈现出较大差异。ESP 倾向于较多地使用陈述句和祈

使句，而很少使用疑问句和感叹句。语域分析结果同时也表明：ESP 无论是在语法，还是在修辞手段和篇章结构上，都没有超出一般英语的总框架。

语域分析使得教学大纲的制定更加具有针对性，帮助学者更好地掌握与自身专业或未来职业相关的语言点和语言技能，使 ESP 更好地满足学习者的需要，从而提高教学效果。可以这样说，进行英语语域分析有一定的学术意义，但更重要的是教学意义。

（2）修辞与语篇分析

①修辞分析

书面语语法教学绝不能脱离修辞和语言内容，原因有三：书面语时态选择并不像大多数教材中所说的那样取决于“时间顺序”，而是取决于修辞方式和语言内容；具体的定冠词和不定冠词的选用取决于修辞方式和语言内容；副词、体式、名物化等的使用都需要语境指示。

②语篇分析

语篇分析侧重句子之间的意义如何生成，这是语言的结构/功能观的合乎逻辑的发展。意义并不仅仅局限于句子中的单词。语篇分析教学法不断地使学生脱离句子的层面，学生在课堂上参与分析的空间扩大了，教师开始转向更多地与学生进行课堂交流和探讨。正是这些广泛深入的研究和实践才产生了 ESP 理论，形成了一套较为完整有效的 ESP 教学模式。

（3）需要分析

ESP 教学建立在需要分析基础上，教学思想的前提是以学生为中心的理念。通过需要分析，了解学生在学习和工作中要进行哪些交际活动及这些交际活动需要他们具有什么样的知识和能力，有利于教学重点的突出，且有利于学生素质和能力的培养。需要分析虽说并非 ESP 所独有，但却是 ESP 课程非常重要的一项内容，甚至可以说是 ESP 教学区别于其他形式的英语教学的最重要特征。需要分析包括两方面内容：一是目标情景分析，一是学习需要分析。

（4）技巧与策略

技巧与策略的指导思想是：任何一种语言运用都有相同的思维和解释过程。使用一定的技巧可以应付语言的各种表面形式，而从语篇中悟出其蕴含的道理。ESP 发展过程中的第一和第二阶段均局限于语言的表层形式，第三阶段实际上还是一定情景下的语言表层形式。第四阶段即技巧与策略阶段，研究和分析的重点从语言的表层形式转向更深的层次——语言使用中的思维过程。该阶段主要集中于对阅读技巧的研究，尽管研究众多，但迄今还没有公认的代表人物和代表作。这个阶段的 ESP 技巧与策略研究大多在非英语国家里进行，并且主要集中在阅读技巧的研究和教学上。

2. ESP 的发展状况

从 20 世纪 60 年代至今，国外对 ESP 的研究已建立了完整的体系，在 ESP 发展的每一阶段都涌现出具有代表性的人物和论著，并创立了专门的 ESP 期刊。ESP 学术团体也相继成立，其规模与影响力逐步提升，出现了一批国家级及以上的学术团体，如每年一次的"欧洲专门用途语言研讨会"、加拿大的语言中心、印度翻译协会等。

（二）专门用途英语（ESP）与大学英语（EGP）

1. ESP 与 EGP 是英语教学中的连续统一体

专门用途英语是指与某种特定职业、学科或目的相关的英语。ESP 虽然强调的是"专门用途"，但从语言学的角度来讲专门用途英语依然是英语，只不过它是英语语言教学的一个分支，是英语与不同专业相结合的语言变体。尽管应用于不同专业的专门用途英语讲授内容各不相同，但由于它们同属相同的语言体系，其差别仅在于某些语法项目、词语的意义和出现的频率及句法结构等方面。从这个方面来看，专门用途英语与用英语来讲授专业课程是两个完全不同的概念。后者从本质上来看依然属于专业课程，讲授的重点依然是与专业相关的知识和技能，只不过讲授的手段和媒介是英语；而前者从根本上来讲依然属于语言课程，教学的重点是与某一专业相关的英语语言知识和技能，是帮助学生了解和掌握该专业领域所使用英语的语言特点和规律的。如果说大学英语讲授的是语言共核，即语言的通用知识和技能，那么专门用途英语可以看作是语言共核的变体，是大学英语的扩展和延伸。

2. EGP 教学是 ESP 教学的前提

许多高校在课程设置上都是先开设大学英语课程，当学生具备了扎实的语言功底之后，再开设相应的专业英语课程，这样的设置是合理的，是符合两种英语教学特点和学生的语言学习规律的。学生在进入大学之前已经掌握了一定的词汇量和语法知识，也能够运用些语言技能进行简单的交际，但是高中学到的语言知识毕竟有限，那些只是基础英语知识中的基础。此外，高中阶段的英语侧重学生的阅读和写作能力训练，而对于语言最重要的听说能力的培养却是相当的匮乏。而专门用途英语对学生语言能力的要求较高，学生不仅要具备良好的听、说、读、写、译五项基本语言技能，还要掌握丰富的词汇量和语言应用能力，这些均属于高层次英语水平要求，在此基础上，将所学英语知识与专业课程相结合，进行专门用途英语学科的学习。由此可见，专门用途英语教学的开展首先是以学生具备良好的英语水平为前提的。那么，学生的基础语言能力的培养是在EGP教学阶段完成的。

此外，专门用途英语教学的主要目的是培养学生在实际工作和社会交往中的语言交际能力。在职场环境中，经常涉及日常话题的交流与沟通，而这种一般性的日常交际需要以基本的语言技能为基础。可见，语言综合应用能力的培养离不开对基础语言的学习。

3. ESP 教学是 EGP 教学的扩展和提升

（1）ESP 的教学形式更为完善

专门用途英语具有多元化的特点，即其包含的形式是多种多样的。专门用途英语教学中涉及的语言和语言学知识必须围绕学生所学专业，为学生更深入地研习专业领域的英语知识服务。专门用途英语中的“专门”两字显示了其教学目的，其教学内容也将涉及特定职业领域相关的专业知识。专门用途英语的指导思想是：告诉我你使用英语的目的，我就能教会你所需要的英语。可见，专门用途英语是根据学习者的特定目的和特定需要而开设的英语课程，其目的就是培养学习者在一定工作环境中运用英语开展工作的交际能力。

（2）ESP 更能反映个体需要

大学英语教学首先要重视学生基础语言知识的教授，但更重要的是培养学生的英语综合运用能力，且最终目标是使其能够适应社会发展、经济建设和国际交流的需要。可以说，这样的教学目标是符合学生自身的个体需求的，学生学习英语最主要的目的在于“用英语”，即将所学的英语知识和技能在日后的学习、工作和社会交往中运用起来。但是现实情况是，高校英语教学并没有达到教学大纲的要求，它往往只重视学生对语言基础知识和语言技能的掌握，并且EGP教学培养出来的学生通常并不能适应社会发展的需要。因为当今社会需要的是复合型人才，仅有扎实的语言知识已经不能满足社会的需求，学生还需具备某一学科的基本知识和技能。专业用途英语便是顺应学生个体需求的英语教学，它将英语学习与专业技能相结合，让学生学到的是可以应用于实际工作和社会交际中的英语。

（3）ESP 更加重视应用技能

大学英语教学的重点是培养学生的语言能力，而专门用途英语注重培养的是学生的语言应用能力，即交际能力。也就是说，EGP教学以语言教学、语言讲解和技能训练为主，主要是训练学习者的听、说、读、写、译等基本功，使其掌握一定基础的通用词汇；让学生学习语言的普遍现象，培养学生的基础语言技能，帮助学生认识并掌握英语语言的普遍规律，为学生打下扎实的英语基础，其语言的实用性和应用性没有在教学中得到体现并被重视。然而，专门用途英语将英语教学的重点从“知识”转移到了“应用”，以语言的实用性作为教学的出发点和核心，解决学生在英语学习的基础阶段没有掌握或尚未完全掌握的专门领域的英语知识和技能问题，使其在某专业学科交流或实际工作环境中能够以英语为媒介进行沟通。形成一种针对性强、以实用能力训练为中心的教学模式，其基本特点是“用中学，学中用，学用统一”。

综上所述，ESP 教学和 EGP 教学是相互依存、彼此互补的一个有机整体，大学英语是专门用途英语的基础，专门用途英语是大学英语的扩展和提升。只有把 EGP 教学扩展到 ESP 教学，才能真正培养出符合社会需求的英语人才，也只有落实好 EGP 教学，才能保证 ESP 教学的顺利开展，两者缺一不可。两种不同的英语教学在方式和内容上要合理地衔接，从而实现大学英语教学向更科学、更有效、更协调的方向持续发展。

（三）专门用途英语教学安排与教学模式

1. 从理论视角梳理 ESP 教学专门性和通用性之内涵关系

（1）ESP 教学的课程定义

ESP 教学因其实用主义特质受到关注。ESP 研究立足于课堂实践、教材设计或相关文本的语言表述，具体涉及语篇分析、教学方法、课程开发、学习者需求分析、教师培训等不同层面。从专业语境下的语言特征学习到语言交际能力的强化，ESP 教学经历了由表到里的质的变化。从语言作为交际工具的视角提出建立 ESP 的个性化大纲教材、教学方法、评估手段等迫在眉睫。ESP 课程教学宗旨：满足学习者需求的教学设计；体现具体学科和行业活动的教学内容；服务专业活动的语言应用（以学习者为中心的任务型教学）；与 EGP 截然不同的研究式教学。虽然 ESP 是以某一学科领域为内容的英语教学，但 ESP 课程的专业化并不是脱离语言整体的分割式教学。ESP 教学不能仅围绕某一技能或语言要点开展，因为任何学科或专业都具有同一语言体系下的共享知识。一般认为语言本身的教学并不是 ESP 的终点，利用语言学习实现特定专业目标才是 ESP 的真正目的。与其他 EGP 等英语课程相比，ESP 课程目标更明确，教学内容更具体，教学方法更实用。基于学习者需求分析设计的 ESP 课程与 EGP 课程的根本区别在于，前者确保学生掌握一定的专业知识并且提高专业英语的应用技能。兼顾专业内容和语言技能正是 ESP 教学的发展方向。

（2）ESP 教学范畴

专业知识与语言知识的鲜明特点和特殊用途使 ESP 教学从题材、语篇、交际、交流对象等方面实现语言知识与专业知识的结合。从 ESP 的课程目标视角阐释，ESP 是以基础英语为核心或拓展于基础英语、服务专业用途的课程，又从语体分析视角指出因语言应用于各个语域，ESP 不存在所谓的通用和专用之分。然而，在英语实际应用中，ESP 教学往往因语言使用者的语域变化派生出以学科领域为内容的医学英语、工程英语等。当前 ESP 的细分类别已不下百种，这些复杂的分类往往使授课教师混淆课程认知，甚至导致教学目标的偏差性和教学过程的盲目性。

ESP 从广义上可以分为学术用途、专业用途和职业用途英语三大类，并根据需求分析可以设计基于大学科领域内容的英语教学，如大文科框架下的 ESP、大理科框架下的 ESP 或大医学框架下的 ESP 等，进而以专业内容为导向设计法律英语、建筑英语、护理英语等专业英语，体现了广角语言教学向窄角语言教学的纵深发展。

（3）基于共核知识的教学

ESP 课程的定位问题常使 ESP 教师无法明确教什么、怎么教。ESP 是通过语言学习掌握某一特定专业的课程或者 ESP 是特定的语言学习课程，或者 ESP 就是双语教学的过渡。但是，随着相关研究的深入，越来越多的教师对 ESP 的定位形成了基本共识：ESP 教学不是专业课程的知识讲解和传授，而是语言的学习和应用。因此，ESP 教学应从语言系统视角出发侧重语言的表达和应用，提高专业英语的应用能力。基于语言系统共同的语法体系和其他语言特性，构成了 ESP 不同分支相互贯通的语言知识。ESP 涉及广泛的学科、专业和职场领域，同样存在一个可通用的语言知识和技能体系，即“共核知识（core knowledge）和技能”。首先，关键因素应是科学研究的严谨性。概括而言，科学研究文体的学术英语特征集中表现为高词汇密度、多名词化表达和无人称结构。其次，正式文体语言的客观性、逻辑性和精确性要求慎用甚至避用情态性、主观性、幽默性或暗喻性语言并且语言结构特点有别于普通英语。具体表现在三个方面：

①特殊词汇。这些词汇多属外来词、派生词，如古希腊源词或拉丁源词包含许多常以缩写形式呈现的复合词。

②语法。长句、复合句和复杂的语句结构是专业文献的文本特征。由于作者或读者的意图均为交流和了解某一科学活动，客观事实表述是学术文本的关键要素，主要体现为动宾结构的名词短语多于动词短语，被动语态多于主动语态。

③非文字表达。表格、公式、图片及图标等都是专业表述中的常用语言捷径。这些非文字表达直白、精确且能增进理解。大学科框架下的学术专业知识有助于学生了解不同学科的语言功能及其借助语言的完善方式。专业学科的文本特征能使学生认识学科语言差异，在专业交流中根据语境合理选择语言表达方式。

（4）ESP 课程设计

ESP 课程设计应遵循科学、系统的原则，以提升课程的针对性和有效性。课程设置的四个考虑因素：是否有充足的理论依据？是否符合学生需求？是否具有实施条件？是否可评价教学？这四个因素能为ESP课程设计提供参考性原则，其中第三个因素是摆在我国ESP教学面前的首要问题，突出表现为ESP课程的开设时间选择。中国应该取消EGP，大学英语教学直接从ESP起步。大学英语教育应该是培养大学生为自己专业学习和以后工作服务的学术英语能力，而不是教授划分为基础阶段和高级阶段的综合英语；应把语言学习与学生、社会需求相结合，即实现课程的使用价值和战略价值，ESP的语言学习观就体现了课程的科学性和实效性。

作为一门通识课程，大学英语单纯打好语言基础和提高人文素养已经不能适应学生和社会需求。越来越多的教师和学生对各自所付出努力获得的结果感到失望和困惑。然而，不可否认的是，我国并不是每个高校都能从新生入学就开设ESP课程。很多高校的ESP课程开设受到不同因素的制约，诸如生源水平、师资条件、教学课时、资源等。中国学生的英语语言综合应用能力仍然欠缺，更不要谈论用英语开展学科研究的能力和专业领域的国际交流合作能力，这就从根本上排除了全面开展ESP教学的可能性。即便高校开设ESP课程，从一年级就进行ESP教学，也不太切合实际。以最基本的词汇为例，医学生理解“白细胞”等单词的英语表达可能都需要一定时间的操练和积累。ESP课程应在学生拥有一定专业基础知识之后再开设，这样，才能确保学生理解、掌握专业英语知识，提升ESP教学的有效性。因此，高校ESP课程设计仍需综合考虑以基准的开课原则，不盲目推进，也不畏首畏尾，结合自身实际情况做出合理决策。

2. 各阶段的教学内容和学时安排

随着通用英语教学的不断深化和发展，相当数量的非英语专业学生在大学一年级第二学期或大学二年级第一学期即可通过全国大学英语四级考试，学生英语水平总体提高是一个不争的事实。因此，一些学校开始开设大学英语选修课以满足通过四级后的学生的英语学习需求。选择的应用类课程的增加，使得英语教学逐渐根据社会的需要因材施教。同时，很多学校后续课程不再以选修课的形式存在，而是被正式纳入大学英语课程体系，作为大学英语的应用提高阶段课程。

3. EGP+ESP 教学模式

英语教学要想适应高等教育及经济社会快速发展的需要，就要真正转变教学观念，面向社会需要，改革课程设置，科学地协调基础英语、专门用途英语教学的关系，并在此基础上有目的地培养学生的某一两项特长，以切实培养学生的英语运用能力，让他们所受到的英语教育真正能够满足专业、行业职能的要求。因此，非英语专业大学生英语教学的基本设计模式可设为EGP+ESP模式。非英语专业的大学生通过了英语四级考试后，更加注重英语实际运用能力的培养，迫切需要提高学习能力方面的课程。在这个阶段，学生不再以通过大学英语四、六级考试为学习目的，学以致用才是他们这个阶段的学习目标。因此，大学英语后续课程在内容设置上，应当考虑社会需求和集中化、多样化、个性化的需求。EGP+ESP 教学模式可以分为两个阶段来完成：第一阶段进行 EGP 的学习，用 2~3 个学期来完成；第二阶段以 ESP 选修课程为主，通过四级考试的学生根据自己的实际情况选修后续 ESP 课程，这个阶段可以用 1~2 个学期来完成。

（四）ESP 的教学手段

1. 电化教具

一些信息技术设备被逐渐应用于英语课堂教学，随后又被引进 ESP 课堂教学中，这些电化教具对英语教学的发展起到了很大的推动作用。电视英语教学增加了形象的视觉内容，视听结合的英语教学效果良好，特别是学生可以直接与教师见面，增强了师生间的互动，在讲解抽象的语法与其他语言现象时，电视教学更能显示出优越性。电影与录像不仅具有生动的人物形象、情节结构，还可以展现丰富的背景知识与文化内涵，对学生的英语学习具有很大的帮助作用，既可以全面提高学生的英语学习能力，帮助其了解所学语言国家的文化知识，又有助于发展学生的思维能力。

2. 互联网和电子邮件

（1）互联网

①提供在线课程。互联网拓展了专门用途英语远程教育的空间，使得学生可以自由、自主地学习课程。

②提供学习材料。专门用途英语，学生可以浏览一些相关网站或网页，以获取第一手资料，用于课堂或课外学习活动。过去，英语教师常花费大量时间与精力从录音或电视中选择适当的语言材料，即使选好了内容，语言难度也不一定适合学生的水平。如今网络上的内容极为丰富，从一些英语网站上可以下载各种材料提供给学生学习，以增加他们的语言输入。

③支持互动课程与互动活动。网络可以为专门用途英语教学提供以下几种形式的互动交际：学生——课文；学生——教师；学生——学生等。以学生间的小组合作为例，在计算机网络的支持下，学生可以突破空间和时间上的限制，进行小组讨论、同伴互教、小组练习、小组课题等协作性学习活动。

（2）电子邮件

人们的生活较之以前已经有了翻天覆地的变化，电子邮件大有取代传统信件的趋势。通过电子邮件进行生生或师生交流，双向或多向的师生交流能够全方位地感知语言信息。但不得不承认，目前电子邮件在专门用途英语中的作用还只限于批改作业和疑难问答，在教学的其他环节中尚处于起步阶段，其应用有待于进一步加强。

3. 基于计算机的语料库

建立与学术英语及职业英语有关的语料库能够为专门用途英语研究者、教师和学生提供丰富的资源。专门用途英语的语料库建设是一项长期而艰巨的任务，需要经过反复实践与修改。目前专门用途英语的语料库建设还处于起步阶段，不够系统和完善，应该加大建设力度。

（五）ESP 教学教师团队建设

1. ESP 教师应具备的素质

概括来讲，专门用途英语教师应具备的素质包括：灵活性、英语语言能力、英语教学经验、研究能力、乐于向学生和专家学习、团队精神及对专业的兴趣。这些素质大体可归结为教学能力、语言能力和专业知识。换句话说，专门用途英语教师既要会英语，还要掌握专业知识，并且具有好的教学方法和教学手段，不仅要让学生喜欢上这门课，而且能够从这门课中学到以后要从事的职业的相关理论知识和技能。

2. ESP 教师的角色定位

（1）研究者

教师作为研究者，主要涉及语言教师必备的双重素质：扎实的语言理论基础和探索创新精神。作为一名专门用途英语教师，掌握扎实的语言知识是必不可少的。对语言教学基本原理的解读是教学过程中不可或缺的理论指导。在整个教学过程中，理论的输入、应用和检测贯穿其中，教师成为研究者，将教学和研究相结合，以研促教，既适应了国内高校发展的新趋向，又与国际学术研究接轨。

（2）实践者

作为一名语言教师，专门用途英语教师必须具有一定的授课技巧和基本技能。具体来说，在课堂教学过程中，他们需要具备以下几种技能：

①课堂管理能力。如与学生的交互活动、时间控制等。

②编写教材能力。在缺少合适的教材或教材不足的情况下要对教材进行编写。

③精心备课能力。真实的教材与真实的交际情景合理地融为一体。

④使用现代化教学设备的能力。如语言实验室、录像、录音、计算机等。

⑤编测试题能力。编写测试题以考察学生对知识的掌握情况。

⑥评估课程能力。即评估该课程是否达到教学目标，是否满足学习的需求等。

（3）分析者

ESP 教师要了解目标语言的特点。不管教师是不是该话语共同体的成员，都一定要对目标话语的特点保持敏感。教师要能够通过观察该目标语言的系统和交流机制，用语言能力分析目标语言的特点，分析学生的需要，以此来帮助学生高效地学习目标话语。

（4）合作者

专门用途英语的教学无论是由普通英语教师担任，还是由专业课教师担任，都会既有优势，也有不足。要想实现更好的教学效果，普通英语教师和专业课教师有必要在语言教学和专业教学方面进行交流与互助，这样，不但能互相弥补不足，而且对该 ESP 课程的教授效果也可以起到提高的作用。

作为一名合格的专门用途英语教师，必须集以上四种角色于一身，既具有扎实的语言学理论基础，又有丰富的教学实践经验及对目标语言的总体把握能力。

3. ESP 教学团队的形成

构建结构合理、技能互补、学科交叉、富有特色的专门用途英语教学团队，是深化教学改革、完善机制体制、提高教学质量、实现教育可持续发展的重要途径。从个人发展和社会需求两个方面来说，专门用途英语都是未来英语教学的必经之路。专门用途英语实现了英语和不同学科的分化和综合，使学科之间的交叉和渗透进一步加强，这也决定了教学中的许多问题都需要多种学科相互融合。因此，需要对相关课程的内容进行整合以适应社会、经济发展对人才的需要。与此同时，教学内容的综合化和教学过程的信息化对单个教师来说也是一种巨大的挑战，因此，迫切需要组建教学团队来应对日益复杂的知识体系和教学过程。

教学团队建设一方面能够为年轻教师提供向专家学习、借鉴经验的机会，另一方面，也可以发挥名师的引领示范作用，从而为年轻教师提供更多指导和帮助。由此可见，专门用途英语教学团队建设就是要根据学科综合化的需要，打破传统的单门课程大而全、深而难的体系，对相关课程的内容进行整合，让原来教师单打独斗的局面发生彻底改变，形成“大师+团队”的全新格局。

二、EAP 理论与大学英语教学

（一）EAP 教学的必要性

1. 国家政策与社会需求

本科教育要创造条件使用英语进行公共课和专业课教学，强调学生在完成基础阶段的学习任务，达到四级或六级后都必须修读专业英语，是学术用途英语（EAP）的一种。社会对英语能力的需求已经呈现出多元化、专业化趋势，例如，工程技术人员需要用英语与外国同行交流技术问题，医护人员必须面对外国病人，与商业相关专业的毕业生需要用英语参加商务谈判和对外贸易。社会需要大学毕业生有一定的专业英语能力，以便在就业竞争日益激烈的今天能够适应社会发展的需要。大学生学习专业英语与过去相比有了更强烈的动机。

2. 学习需求

学术用途英语的教学对象为高等教育阶段非英语专业修完大学英语（EGP）的三、四年级的学生及研究生。目标是通过这种教学，使各专业学生在接受现有公共英语教学的基础上，达到将英语作为工具进行专业研究和学术交流的水平。因此，EAP 教育是以提高英语能力为目的，将单纯的英语学习和专业对英语的需求相结合而进行的。这主要是因为公共英语课程不涉及学术英语技能的培养和专业知识，而 EAP 课程恰恰可以弥补学生在专业英语听、说、读、写、译等方面的不足及专业英语知识。

以专业英语为例，专业英语和公共英语的差异有时会给人“隔行如隔山”的感觉。专业英语课程需要打破公共英语教学采用的传统英语教学模式，将教学内容进行根本变革，而教学目标相比之下也要贴近专业需求。国内高等教育体系中的专业英语课程普遍开设于专业当中。授课教师多由专业教师担任，而不是英语教师。授课内容一般包括专业英语、文献检索等。从内容上划分，这里面既有通用学术用途英语（EGAP）课程（如文献检索部分），也包含专门学术用途英语（ESAP）课程（即专业英语课程）。

（二）EAP 分层教学模式

1. ESP 和普通英语教育的衔接

在政策方面，国家对非英语专业 ESP 提出了具体的要求。《大学英语教学大纲》对 ESP 课程提出的要求是：大学一、二年级为基础英语教学阶段，大学三、四年级为应用提高阶段。在应用提高阶段，各学校应该结合学生的专业，开设专业英语课程。

需要对我国英语教育作战略性的调整，要点是把普通英语教学任务全部安排到中学阶段去完成，以便学生进入高校后便可专注于专业英语的学习。在中学阶段，只有英语师资合格，教学安排合理，教材、教法得当，学生努力奋进，一般才可以在普通英语方面打下扎实的基础。有这样的英语基础的中学毕业生上了大学，应该可以直接过渡到专业英语的学习。

就目前社会和国家对英语学习的重视程度、学生学习英语初始年龄的不断降低、英语学习环境和学习资料的不断丰富和完善等情况而言，大学英语被逐步弱化是迟早的事。届时，高校公共英语教学部门势必对其教学内容作出重大调整，以满足部分英语水平较高的学生的需求。但是，专家所提出的对于水平较高的学生直接进行专业英语，也就是 ESAP 教育，并不是非常妥当的。作为以学术研究和学习为首要目标的高等学府，在一般用途英语教育之后，首先教授给学生的应当是如何用已经掌握的英语技能实现普通学习向专业运用的实践性转变。

2. EGAP **和** ESAP **教学的分工**

拟建立的大学英语分层教学模式是集英语语言、技能、文化背景、语言应用能力和专业知识学习为一体的多层次英语教学体系。根据 EAP 下属的一般学术用途英语和专门学术用途英语两个方面各自在教学内容和教学目标上的侧重与联系，结合一般用途英语和双语教育的教学目标与教学内容，大学英语分层教学模式为：基础层——一般用途英语课程；精进层——一般学术用途英语课程：学术阅读、词汇、学术写作、讲座及笔记记录、文献查阅、英汉学术翻译、学术文化等；提高层——专门学术用途英语课程：计算机英语、医学英语、生物学英语、法律英语、商务英语等；终极目标——双语课程。

3. **学术用途英语**（EAP）

从师资方面看，推广双语教学存在一定的难度。国际上实行双语教学的一个基本要求是拥有本族语教师或目标语相当于本族人水平的教师。国内多数的教师队伍中很难找到英语水平较高的专业教师，从而难以保证双语教学的质量，更无法保证双语教学的既定目标。

另外，经过一般用途英语学习之后，学生没有经过特殊培训直接参与到用英语讲授的专业课程知识上来，是否能够适应学习环境、调整学习策略、保持原有的积极学习情绪、出色完成学习任务等，这些问题都尚待解决。我们不能凭空想象学习者自我调整就能够适应双语学习的要求，当然也不能够说学生就一定需要学术英语作为向双语学习的过渡，这里面的可变性因素众多，难以准确估量。学术用途英语和双语教育在教学内容上不可混为一谈，涉及英语技能和知识的学术内容属于前者，后者则主要是对专业知识的讲授，当然在授课过程中会运用到 EAP 课程授课所教授的方式方法。

在师资配备方面，学术用途英语（EAP）与双语教学也是一个递进关系：在通用学术用途英语（EGAP）阶段，其授课内容决定了教学以英语教师为主；而到了专门学术用途英语（ESAP）阶段，则依据专业知识的难度和深度邀请专业教师和英语教师共同完成教学任务；到了双语教学阶段，则换成由有经验、英语程度好的专业教师执行教学任务。

（三）EAP 大学英语教材

1. EAP 教材与综合英语教材

以内容为依托的 ESP 教材可以分为三种。第一种是 EOP 教材，即适合大学的行业英语，如会展英语、旅游英语、交通英语、护士英语等。现在越来越多的高等学校已经意识到这一点，他们开始转变只有先学基础英语，才能结合专业学英语的传统观念，把基础英语与行业英语结合起来进行教学，开发出许多深受学生欢迎的教材。大学教材的成功，说明我们大学英语主流教育还顾及不到这里，而就在这被忽视的地方，率先获得了成功。第二种是 ESP 英语教材，如商务英语、生物英语、海事英语、财经英语、金融英语、法律英语等。第三种是 EAP 教材，即大文科大理科的分科英语教材。

作为以内容为依托的 EAP 教材，具有三个特点。

第一，新知识，即内容上是以学科知识为依托的。如对医科学生，EAP 教材和医学道德、医学发展、医学基本知识有关；对理工科的，教材与科技发展、学术规范、科技伦理和新兴科技领域有关；对文科的，教材涉及历史、语言、文化、社会、新闻等。显然，这样的教材不像目前的综合英语教材。后者虽说也是以内容为依托，但往往都是学生熟悉的一般性综合主题，如爱情、道德、校园、体育等。前者由于是新知识，学科性较强，因此，明显带有探索性，容易激发学生对内容的求知欲望；而后者的主题多半是已知信息，课文的作用大半是作为语言的媒介而存在的，是纯粹为学习语言而编写的。由于这些内容是学生熟悉的和已知的，因此，内容的学习是无病呻吟的。

第二，输入输出量。以内容为依托的教材，必须围绕一个学科领域，从听和读两个方面进行大量输入。由于目的是让学生比较全面地了解学科方面一个主题的内容，因此，每个主题提供阅读的材料不是一篇或两篇整齐划一、经过改编的普通文章，而是四五篇基本没有经过处理的文章；而听的输入是同样主题、具有一定长度的讲座和讲课等，这样，输入量就得到了保证。同样，输出量也是如此。布置给学生写的不是一二百词的短作文，而是围绕一个学科方面的主题，让学生以完成任务为目的的不限制词数的写作。

第三，真实性。从培养的能力看，训练的不是应对考试的听、说、读、写综合能力，而是培养学生在自己专业学习和今后工作中需要的学术口头交际和书面交际的能力。因此，听的不应完全是录音棚里的东西，不应完全是日常生活主题，而应是学科知识性的讲课和讲座；读的和写的都应是带有学科性质的。从语言教学看，语言不过分进行控制，如循序渐进和语言点复现的安排。语言尽量原生态，课文长度一般不随意进行切断，尽量保持原文内容的完整性。以内容为依托的 EAP 教材反对对语言的严格控制，不讲究四级词和六级词的教学，不对所谓超纲词和技术词采用替代或直接删除的方法，不对长句和难句采用改写的方法。因为凡是为教学目的而编写、简写、改编、剪辑、修正过的，就不是真实的材料。

2. EAP **教材与** ESP **教材**

EAP 教材和 ESP 教材也存在区别。尽管都是基于内容的，但前者内容的系统性和专业性都没有后者强，换言之，没有专业知识结构背景的学生和教师都可以用。从我国目前许多出版社开发的 ESP 教材来看，情况并不理想，使用规模小，远远达不到高校的要求。主要存在以下几个方面的问题：

第一，课文选择方面，选材随意从原版专业文献中摘取，内容过深、过专，对专业知识背景的要求高，因而影响了学生学习的兴趣和积极性。

第二，语言练习方面，一是仍然使用传统的语法翻译法，词汇语法练习加译句子，适合精读教学模式。这既不符合真实性原则，也无法满足学习者实际工作需要。二是没有有效地把听说训练引入教材中，没有训练学生的学术口头交流和书面交流的能力。

第三，需求分析不够、定位不准。如教材是给语言教师用的，还是给专业教师用的？是内容教学，还是语言教学？现阶段教材过于专业，大学英语教师无法全面深入教授，受众面自然就小了；而专业教师虽有能力，但他们受英语水平限制且动力不足。

ESP 教材和双语教材应该是有区分的。如以医学英语为例，应该这样区分 ESP 教材和双语教材：医学英语教学不以传授医学知识为根本目的。如果只是用英语作为媒介来传授有关医学知识，那么，它就不应称作医学英语，而应称为英语医学，即用英语来讲授有关的医学专业课程，它本质上属医学科目，而不是英语科目。所以，其教材选编的重点是立足于医学知识的正确性和完整性，不仅有相关的医学原理论述，还要有医学实例和实验结果等，以使学生达到对有关医学知识的深入了解和真正掌握。但学习医学英语的根本目的是提高学习者与医学相关的英语水平，那么，教材内容虽然是有关医学方面的，但却不需要完整、系统或十分专业、深度的医学内容。其编写的重点是有关医学内容的英语表达。

因此，教材还要编写一些相关的听力、口语、翻译和写作练习。这样的教材兼顾了学生继续提高英语语言水平和熟悉、掌握医学英语的双重需要。通过学习，学生不仅能阅读医学临床、科研和应用性的文献资料，而且具备专业方面的听、说、写和译能力。

三、大学英语与特殊用途英语教学

（一）EGP 与 ESP 课程统整的价值取向

1. 社会价值

随着科学技术的不断发展，国际交流与合作也日益频繁，社会对于复合型人才的需求也越来越高。所谓复合型人才是指既能熟练掌握和应用英语，又通晓一门或多门专业技能的一专多能型人才。如果学生只是掌握英语语言技能，但是对于专业领域的知识毫无所知的话，往往就很难做到学以致用，那么语言的实用能力便得不到发挥，这也正是复合型人才越来越受到用人单位青睐的原因所在。复合型人才不仅具有广泛的知识面，通常在熟练掌握英语知识的基础上，还要了解某些学科的相关知识，如商贸、医学、法律、科技、新闻、外交、旅游等。那么社会对于这种人才的迫切需要，使得英语教学的改革迫在眉睫，改革的方向便是将大学英语教学与专门用途英语教学相结合，如此一来，才能在新型的教学模式下培养出复合型的社会人才。由此可见，这样的课程统整是顺应时代需求的。

2. 学科价值

大学英语教学正处于全面改革之中，改革的内容包括教学性质、教学模式、教学要求、课程设置、教学评估、教学管理等多个方面。改革的目标在于培养学生的综合语言应用能力，而将 EGP 与 ESP 课程统整正是大学英语教学改革的要求，在三个层次上满足英语教学的不同需求，统一整合后的大学英语课程主要是以语言技能类、综合英语类、语言文化类、专业英语类、语言应用类等必修课程为主，并在此基础上开设一些补充、辅导性质的选修课程，学生可依据自身情况进行选择，从而确保不同层次的学生在英语应用能力方面得到充分的培养和提高。在教学手段方面，统整后的课程基本采用信息化的教学模式，以计算机、网络等多媒体形式作为主要教学工具。一改传统教学的“教师讲、学生听”的教学模式，使之成为“以学生为主体，教师为主导”的新型模式。同时，这种模式也为学生提供了大量的学习资源，学生可以按照自己的需求选择适当的材料学习，更有利于学生个性化学习方法的形成和自主学习能力的提高；在教学评估方面，采取形成性评估和综合性评估对教学过程进行监督和管理，并随时获取教学信息的反馈，必要之时可适当调整教学内容和策略，从而确保整个教学工作高质、有效地进行；在教学管理方面，除了要加强对教学过程的监督、检查和指导外，加强 ESP 课程师资队伍的建设也是工作的重中之重。因为师资建设的成败将直接决定大学 EGP 与 ESP 课程统整能否顺利地开展。

将大学英语课程与专门用途英语课程进行统整完全顺应大学英语教学改革的精神，能够在很大程度上促进大学英语教学工作的建设和发展，并最终实现其学科价值。

3. 个体价值

传统的英语教学模式只注重学生基础知识的培养，使学生一直处于“学英语”的阶段，但“学英语”的最终目的是“用英语”，培养学生实际语言的应用能力才是英语教学的重点所在。一味地教授语言知识，实际上是忽略了学生自身的学习兴趣和学习需求，使学生学到的是脱离现实生活和工作需求的语言知识和技能。语言如果无法发挥其交际功能，便失去了其自身的实用价值，那么，学来又有何意义呢？学生学习英语主要有三方面的原因：一是出于兴趣所在；二是为了应对等级考试；三是为了符合日后工作的需求。学生为了考证而学习英语，通常也是为了以后的工作需要。然而，当今社会对于英语人才的需求已经呈现多元化、专业化趋势，也就是说，社会需要学生具备的语言能力是能够在工作和交往中熟练运用的语言能力。但现实情况是，传统的“重基础，轻实用”的教学模式下培养出来的学生往往达不到这种要求。与之相反，EGP 与 ESP 课程统整模式在最大程度上满足了学生的个体需求。该教学模式不仅重视 EGP 中基础知识的学习，帮助学生打下扎实的语言基础，具备较好的英语听、说、读、写、译能力，更重要的是让学生学习 ESP 课程，使其所掌握的语言知识与专业技能知识实现有机结合。同时，EGP 与 ESP 课程统整模式明确了学生的学习目标，激发了学生的学习动机，从而达到良好的学习效果。由此我们可以看出，EGP 与 ESP 课程统整模式在真正意义上实现了学生的个体价值。

（二）专门用途英语促进大学英语教学发展

我国高校英语教学普遍定位于基础英语，而基础英语教学的目标就是培养学生的综合应用能力，往往重视打基础，而忽略应用。但是，现如今的社会情况发生改变，大学毕业生面临经济全球化和高等教育国际化的挑战，面临着国家对“大批具有国际视野、通晓国际规则、能够用英语直接参与国际事务和国际竞争的国际化人才”的需求。在这种新形势下，如果还是仅仅把英语作为一门语言课程或素质课程来学，还是只注重学生英语基础的牢固，把培养语言技能当作大学英语教学的主要目标，那么就不能不说是严重的定位错误。因为这样的教学定位既不符合英语教学规律，也不符合我国大学生专业学习和毕业后工作的需求，更不符合国家与社会对人才培养的战略要求。相反，专门用途英语教学正是社会和学生发展需求所衍生出的一个大学英语教学分支，从根本上促进了大学英语教学的不断完善。

从教材方面来看，专门用途英语的教材部分是从国外原版引进，还有些是由教育界权威人士自编或是合作编写而成。这些教材大都难度适中，在内容方面符合某一专业的特殊需求，有助于学生专业知识和语言技能的同步发展。此外，这些教材一般具备明确的教学目标，课文选取之间有一定的联系性。

（三）专门用途英语促进大学英语教学改革

首先，ESP 教学理念中的需求分析能够提高学生学习的动力，无形中也就提高了学习的效果；学科特点分析使教师和学生明白本学科的重点、难点，教师能够有针对性地选择合适的教学内容和教学方法，学生也能有意识地调整学习策略；以学生为主体的教学理念将学生的“学”放在第一位，一切都围绕这一核心进行，教学效果也必然会提高。

其次，ESP 教学能够优化学生的知识结构，使学生在已有的专业知识和英语知识的基础上，利用英语获得更多的专业知识，通过专业知识的学习促进英语水平的提高，最终提高自己的综合素质，成为“专业+英语”的多元化人才。

因此，未来我国大学英语教学的目标和课程设置可以朝着“以服务为宗旨，以就业为导向”的方向发展，变“为学习语言而学习语言”为“为学习专业而学习语言”，遵守学以致用的原则，使学生在使用中学习和提高语言能力，并利用这种语言能力解决专业领域中的实际问题。这对 ESP 教学的研究具有极高的价值和意义。

第二节　新技术引领下的大学英语教学

新一代信息技术的快速发展促进了移动网络技术的推广和智能软件的开发，人们的学习习惯和行为方式正悄然发生变化，利用碎片化时间通过移动网络手段接收各种信息成为一种常态。在这种情况下，如果能有效利用这种移动信息技术拓展大学英语课堂教学，那么将促进学生随时随地进行移动学习，成为大学英语课堂教学的有效补充。

一、慕课与大学英语教学

（一）慕课的内涵

MOOC（慕课）是英文“Massive Open Online Courses”的首字母缩写，直译为大规模

开放在线课程。从慕课的概念分析，其含义如下：

“大规模”是指参与学习的学习者数量众多。课程的注册学习者规模达到数千乃至数万，包括各行各业、各个年龄阶段的人员。如此大规模的教育活动，在此之前是从来没有过的。不仅如此，慕课的“大规模”不仅仅是指学习者的数量庞大，而且还指更多的教师参与到教学之中。

“开放”是指学习是一种开放的教育形式，没有限制。慕课是多年来世界“开放教育资源”（Open Educational Resource）运动的延续，是开放教育潮流的重要组成部分。有了慕课，只要能上网，只要有时间，只要有学习意愿，任何人都可以进行在线学习。

“在线”是指学习资源和信息通过网络共享，学习活动发生在网络环境下。

课程指为了实现学校的培养目标而规定的所有科目（即教学科目）的总和或指学生在教师指导下各种活动的总和。

（二）慕课的特征

1. 慕课在网络环境中体现的特征

如果从两个维度上看慕课，那么可能一个维度就是聚焦于规模，另一个维度是聚焦于社区和联系。这两个维度，前者体现了慕课的大规模特征，后者则侧重于说明慕课的开放性及由开放而形成的社区联系特征。

（1）大规模性

慕课的大规模特征首先体现在课程的参加人数上。较之传统课堂的只有几十人的学习人数和结业人数，都显示出慕课规模之大，受众之广。除了那些已经造成轰动的已完结课程，现在很多慕课平台的新加入课程的参与人数也动辄成千上万，这是传统课程所无法比拟的。

其次，慕课的“大规模”也体现在慕课平台上有大量可供选择的、几乎涵盖全部学科领域的网络课程上。为了更好地接受不同文化的知识，各个慕课平台都组建有学员们自己的翻译组和字幕组，使得其他不懂外语的学习者的慕课学习不再局限于以自己母语授课的部分课程，学习内容也随之增加了。而且，随着越来越多的学习者的加入，他们的学习意愿和学习过程都以数据的形式被记录了下来，形成慕课学习的大数据。这些大数据可以帮助教师更好地选择和设计有效的课程与教学，促使慕课的学习内容更为多元化，几乎包罗万象。

除了以上两点可以体现慕课的大规模外，慕课各个平台的合作伙伴中各研究机构及世界级名校的数量，也足以担当“大规模”的名号。值得一提的还有慕课背后的教师团队及大量人力和资金的投入。因为慕课不再是三尺讲台上一位教师面对几十个学生的传统模式，它面对的是数以万计的网络自主学习者，它的课程设计与制作，以及课程投放之后的管理与维护等都不是一位教师所能驾驭得了的。因此，一门慕课从开始准备到结课评估，都需要一个完整的教学团队的分工协作、共同努力。制作一门线上使用的慕课课程，较之传统授课，教师团队需要投入更久的准备时间。他们要选择教学素材，设计教学与活动，进行视频拍摄等。在课程进行中，他们要不间断地监控学生学习进程，及时给予反馈和答疑。除了人力投入外，各个在线平台的资金投入也是“大规模”的。

（2）开放性

慕课的开放性很好地诠释了“有教无类”的思想。这种开放性其实也体现了慕课自出现时便一直强调的教育公平原则。慕课的开放性，可以说贯穿了慕课学习的全过程。慕课自开始的理念便与教育开放、教育公平相关，它从学员免费注册到选择课程资源和学习讨论，以及之后的一系列线上线下的相关活动，都对所有注册者完全开放。

有人说教育的公平首先体现在学习机会的均等，而教育的开放，首先要做到的就是学习机会的开放。在慕课中，学习者无论在什么时间段、什么地区，具有什么样的文化背景，只要处在互联网的环境中，都可以随时注册进入慕课平台，选择自己喜欢或者需要的课程开始学习。这种对学习者的全面开放，是慕课最基本的特征。

从现有的慕课平台数据上来看，注册的学习者来自世界的多个国家和地区，地域分布相当广泛，虽然几个最大的慕课联盟来自美国，美国的慕课生源却只占总生源数的三分之一。因为一些原因，没有办法从人种学角度统计学习者的民族成分，我们却可以从学习者的注册信息及话题讨论中了解到他们的性别、年龄、学历和生活经历。从现有数据上来看，学习者的性别比例差距不大，不过男性学习者相对更多一些：20~30 岁具有大学学历或者正在进行大学本科或研究生学习的学习者占大多数，以及参加工作以后补课充电的各行各业人员。这种多样性还体现在学习者加入慕课的意愿与动机上：有的学习者需要通过相关课程提升自己的专业水平，有的学习者是为了兴趣而学，也有一些学习者只是为了满足自己的好奇心，还有的学习者则是像游戏通关积攒勋章一样，是为证书而学……正是慕课的开放性，吸引了处于不同年龄和社会层级、带有不同学习背景的学习者加入；也因为参加者的不同身份背景，使得慕课的许多学习讨论不局限于课程本身，进而成为一种文化的碰撞与交流。

慕课的进入同样是开放的，准入门槛几乎没有。除了一部分需深入解读的课程需要一定的专业理论知识做铺垫外，大多数课程初学者一进入便可以开始学习。同样的，它的教与学过程及这一过程中使用的资源和工具也具有极大的开放性。慕课的每一节课都会限定一个大致的时间范围，即一门课的开课时间是固定的几周，每一周课程组织者上传一节课的内容和作业，学习者可以在这一周内自主安排时间，随时进行学习。这种时间上的开放极大地方便了学习者对自己的学习时间的规划，而且，学习者的学习环境由学习者自己选择。这里的学习环境既指线上讨论小组或者交流平台的选择，又指现实中学习环境的选择。不同的学习者对同一材料的理解、关注点和疑问都会不同，讨论组的设立给学习者提供了交流答疑的平台。在平台中，所有参与者身份平等，他们提出问题和见解，互相交流讨论，即使是课程发起者也不会给定唯一答案或者固定答案，开放式的交流不会只限定在一个领域、一个角度。学习者可以通过讨论自主构建知识，也可以通过互动分享传播知识，使得知识更具延展性、开放性。同时，在每个慕课讨论区或者讨论组，都有已经完结课程的相关资源和学习者分享的学习笔记，新加入的学习者或者错过该课程的学员可以二次使用这些资源进行补充学习，有效提高了网络课程资源的利用率。

2. 慕课作为“线上课堂”的特征

慕课是线上教育发展最新变化的主要成果之一。随着网络科技的发展和各种社交媒体的广泛应用，线上教育从最初的单纯提供相关课程材料、分享精品课程发展到利用网络平台开展的、被看作网络中的课堂的慕课，明显可以看出，研发者越来越重视给予学习者完整的教与学的体验。这也使得学习者在网络学习中除了获得优质的学习资源以外，还能得到专业教师及更多的学习者的交流与反馈，并最终得到课业评价和认证。

一门慕课课程从开始到结束，并没有完全脱离已有的课程结构和教学过程的模式，几乎和线下传统课堂中的一门课程从开始到结束的进程一致。所以，慕课与传统的线下课堂有着天然的联系：慕课植根于传统课堂，教师、学习者、教学内容、教学环境等传统课堂具备的必要因素，慕课也一样具备。同时，慕课是传统课堂的补充形式。

同时，慕课与传统课堂最大的不同在于，它运行的环境是互联网，而不仅仅是封闭的教室。这决定了它要面对的参与者更多，规模更大。这些特点决定了慕课与传统课堂差异的存在：从最初的设计理念到对课程的设计制作，再到课堂教学及学习管理、学习者反馈和学习评价，都体现了慕课与传统课堂教学过程的不同之处。

（1）自我学习为主的课程教学理念

一个完整的课程教学设计一般包括四个基本要素：确定教学所要达到的预期目标（目标）、对相应的知识经验的选择（内容）、有效教学的组织（策略）、获得必要的教学反馈（评价）。它是整个教学活动的系统规划与决策，决定了整个教学过程的框架和走向。传统的线下课堂的课程教学设计一般离不开上面提到的四要素，这也决定了传统课程教学的“三大件”——以学时（40 分钟到 45 分钟）为单位的知识讲授、课后作业及考试缺一不可，这样的基本结构大多以教师为主导，且已经长期稳定。即使在理论范畴内不断出现新的教学思想、理念的更新换代，实际上教学设计与组织、教学基本结构及课堂活动等仍然基本不变。这样的课程教学设计大多以掌握知识、达到学习目标为前提，强调学习者在教师的引导下先学后练，最终达到知识的巩固。慕课的课程教学设计在包含了完整四要素的前提下，更强调学习者的自主学习。它同样具有和传统线下课堂类似的“三大件”，即课程的讲座视频、嵌入式课程测试与评估及师生互动和生生交流的论坛小组。因为慕课面对的是规模庞大的学习者群体，传统线下课堂都不能保证照顾到课堂中每一个学习者的学习进度，慕课更没办法做到讲授教师与学习者的“一对一”交流。但是，慕课并不是为了实现师生的“一对一”交流，而是为有志推广优质教育的学者和专家与有心学习却缺乏想要的教育资源的学习者搭建了一个平台，打开了双方交流的通途，引导学习者按自己的步骤学习。所以，在整个学习过程中，学习者的自我管理和自我监督将起到督促其完成学习任务的最主要作用。因此，除了与线下课堂一样要重视课程教学质量问题外，慕课的课程教学设计还必须考虑到大规模的学习者的不同学习背景问题，要最大限度地满足不同背景的学习者的需求，利用优质的学习资源引导学习者实现自我学习。

同样的，在慕课面对庞大的学习群体的同时，学习者也将会面对可以选择、具有不同专业性质的海量慕课课程。这无形中造成相同慕课课程的同行竞争，而这种竞争在传统的线下课堂中是不存在的，传统课堂的教师只要按照教学大纲与目标在固定的学生群体中完成每堂课即可。所以，对慕课课程教学设计者来说，利用新鲜有趣的内容吸引学习者的注意力，利用教师魅力和课程内容的硬实力留住学习者，进而形成课程的固定“粉丝”，成为一门课程经受考验、生存下去的关键。

(2) 短小精确的课程内容选择与组织

传统线下课程以一定的课程标准和反映系统学科内容的教材为蓝本，并配备相应的教师用书与练习册作为辅助。按照不同的授课形式，可以分为以学习各专业领域理论与发展为主的分科课程和以进行实践活动或者实验等为主的活动课程。一般传统的线下课程都是由国家统一编制实行的，具有权威性和强制性，也有部分地区以自己的区域特性为出发点，制作一些地方课程作为主体课程的补充。但是，不管是学科课程或者活动课程，还是国家课程或者地方课程，它们的制作都以知识的逻辑性、系统性和学习者的成长为内在要求。课程内容的选择都以教材为主，教师没有办法改变教材的内容，需要按照教学大纲和教材的要求完成授课。

相较于传统课堂的教师，慕课的设计者与讲授者对课程的内容拥有更大的选择权，他们可以从自己的专业角度出发，将自己擅长领域的内容进行整合，形成具有专业性甚至具有跨学科性质的课程内容。慕课在课程的内容上强调重组。各学科、各专业领域的专家、教师可以将先行编制的多样化的网络课程和教学资源上传到慕课平台。这些设计之初未必相互关联的学习资料可以单独作为学习单元，也可以按照一定的逻辑、意义、目的进行重新整合，聚集成为具有不同学习目标的学习单元集，实现课程资源的再利用。即使课程设计者和讲授者并没有运用已有的网络课程资源，而是选择新的课程内容或者讲授者线下课堂中的内容进行慕课的课程教学设计，也与平时的线下课堂的讲授大相径庭。因为慕课的视频大多只有十多分钟，每次课都是由几个短小的课程视频和相关学习资料作为主要的内容向学习者呈现。这种视频组合的方式打乱了传统线下课堂 40~45 分钟的授课节奏。因此，它的课程内容的呈现方式必定不同于传统的“满堂灌”式的呈现方式。所以，在课程内容的选择上，课程设计者和讲授者必须挑选更具有普适性，也更简单易懂的内容来制作讲座视频。同样的，课程的制作也要考虑到上述方面，要注重各种教学方法和教学媒体的合理使用，使课程内容的编排在能讲授清楚的同时，增加趣味性和实用性，使更广泛的人群能够接受。

一门高质量的慕课从设计到制作完成需要几个月的时间作准备，具体的实施步骤如下：

编写课程材料，选择课程内容，然后将之切分为约 2 小时长（相当于一周课程的量）的几部分，再将每一部分切分为 10 分钟左右的小节，方便后续的课程视频录制。

录制讲座视频并编辑（一般一个讲座视频需要录制几遍，经过编辑之后才能使用）。

按照具体的慕课平台要求按时上传课程资源，主要包括讲座视频和附带的学习阅读资料或者 PPT 课件。

为讲座视频创建嵌入式测验，一般一节视频嵌入 1~2 个程序性问题。

课程会在开始前一个月左右进入慕课平台供学习者选择，这期间公开的课程介绍和宣传视频可以帮助学习者了解课程的基本状况及授课教师，同时，教师要在平台编制课程评价的内容并开始进入管理系统，会话小组、论坛等交流区域也随之开放。

（3）民主平等的师生互动与教学管理

传统线下课堂的师生互动大多发生在课堂上，是课堂中教师行为的一种。教师一般利用一定的课堂教学策略引导这种互动。在以讲授为主要活动的课堂中，进行回答、讨论等课堂互动可以更好地促进学生的课堂学习。在教育学中，教师的课堂行为分为主教行为、助教行为和管理行为三种。

①主教行为是教师在课堂上主要的行为，主要包括教师在课堂中的语言、文字、图像、动作等的呈现，阅读、活动、练习等指导行为及与学生间的问答、讨论、对话等交互

行为。师生互动在课堂中占有很重要的地位。

②助教行为更多的是为了激发和培养学生的学习动机，从而产生良好的教学效果。比如，进行有效的课堂交流，表达教师对学生的期望及采用一定的技术手段强化课堂教学效果等。助教行为大多发生在以学生为中心的教学情境中。

③管理行为一般表现为课堂规则的制定与实施，同时还包括对学生课堂行为的纠正及对课堂时间的控制。良好的课堂管理是教学顺利进行的条件。

在慕课中，上述的三种教师行为都有所体现，只不过无论是教师与学生的互动，还是有效的教学管理，都不像传统线下课堂一样同步进行。慕课一般一周会进行一次课程量的放送，教师在课程开始之前就会把做好的课程计划通知给所有想要加入课程的学习者，并规定每节课作业递交的截止时间。在每一节课开始后到下一节新课上传为止的规定时间内，学习者需要自己把握时间完成对讲座视频和学习资料的学习，无论是学习的时间安排，还是地点的选择，学习者都能做到自主参与、自主选择。

课程讨论区是构成慕课教学过程的重要环节，用于师生之间、生生之间探讨课程内容、课后作业及与课程相关的延展问题。在完成学习资料的学习后，学习者随时都能加入平台的交流讨论区或者组建好的课程学习小组参与讨论。教师也会在固定的时间里浏览讨论区，对一些共同提出的问题进行答疑解惑。因为参与课程的人数是巨大的，所以慕课讨论更多的以生生互动为主。师生间、生生间的交流大部分依靠课程讨论区，因此，讨论区的管理相当重要。

在整个师生、生生交互的过程中，教师不是一个人面对学习者，一般慕课课程的完成都是整个教学团队的成果。一般而言，慕课团队的教师会实时关注讨论区的更新，他们也会根据每一周课程的要点内容，发出相应的讨论帖，召集感兴趣的学习者参与讨论，引导他们进行深入思考，进而巩固讲座视频中学习到的知识。同时，他们还会针对讨论区中学习者发帖提出的问题进行答疑归类，对学习者提出的问题，如果其他学生能够给予详尽的解答，应予以肯定；对学生没能详尽解答的问题，教师会定期整合这些问题，并进行专业的回复。

在慕课的讨论区，学习者可以像在其他交流社区一样自由发言，平等交流，还能灵活运用学到的知识帮助有困惑的学习者解惑答疑。正是这种可以无限扩大的交互作用，使得慕课能够在世界各地的学习者中间传播，它的包容性与开放性在最大程度上促进了知识的传播与扩散。面对如此巨大规模的讨论人群，课程讨论区的管理工作并不轻松，这项工作一般由教师团队主导。他们也会从讨论区的活跃学习者中招聘有能力、有余力的学习者加入管理团队，对讨论区每天的帖子按规定的分类进行删除或整合，以保障讨论环境的健康有序。除了对讨论区的管理，慕课教师团队的管理任务还有对每个注册的学习者发送开课的邮件提醒、作业截止日期提醒等一系列人性化的监督管理服务。

相较于传统线下课堂面对面的教学管理，慕课的教学管理的主动性主要依靠学习者自我管理、自我监督才能顺利完成，这也在一定程度上造成了目前慕课居高不下的退出率问题。因此，如何使学习者养成良好的自主学习习惯，也是慕课研究者需要深入研究的问题。

除了各司其职的教师团队及活跃的学习讨论者，慕课课程的互动和管理还需要凭借一定的学习支持服务工具。当然，其中最重要的学习支持就是每个慕课平台都会设置的课程导航系统、作业笔记展示区及讨论区论坛。除了这些平台自带的技术支持，还有很多帮助学习者发现并筛选课程的评价筛选网站。学习支持网站满足了用户查找适合自己的课程的需要，还支持学习者对课程的评价，如等级评价、意见评述等，为更多的后续学习者做出引导，也加强了学习者的沟通与交流。

（4）同伴互评的评价方式及学分问题

学习者的学习评价是完整教学过程中必不可少的一环，一般要在一定的学习目标的给定标准的指导下，通过运用一定的技术手段与方法，对学习者在整个学习过程中的学习行为和结果进行科学判定。学习者的学习评价是作为学生评价的一部分存在的，学生评价除了对学习者的学业评价，还包括对学习者的道德情感和综合素质的评价。学习评价可以评断学习者的学习成果和教学的有效性，也对要完成的学习目标具有导向作用。客观来说，通过对学习者学习的评价，教师能够更好地了解学习者的知识掌握程度。

在传统的线下课堂中，学生的学习评价一般根据实施的时间不同而具有不同的作用，并因此分为诊断性评价、形成性评价和终结性评价三种。诊断性评价一般出现在课程开始之前，帮助教师了解不同学生的现有知识掌握程度和优缺点，从而更好地制订教学计划，教师一般会采用摸底测验与查阅过往成绩单相结合的方式进行。形成性评价多发生在课堂上，多以单元为主要模块进行测试，它的主要作用是帮助教师把握学生实时的学习情况，进而提供有效的指导。形成性评价测试也可以使教师发现之前课程教学中存在的问题并及时纠正，一般的测试方式有随堂考试或者单元测试等。终结性评价发生在整个教学计划全部实施完毕之后，是对学习者乃至教师的整个学习过程中学习成果的总体评价。学校每学期的期末考试及与升学挂钩的中考、高考都可以算作是终结性评价测试的一种。因此，它的概括水平比较高，对测试的准确性、公平性有很高的要求。

慕课学习评价的标准没有传统线下课堂那样严格，这一点尤其体现在终结性评价上。传统课堂的学习评价往往与学生的学分和获得学历相关，具有社会认可度；而慕课的学习评价一般是为了验证学习者是否按标准完成了作业，是否在一门慕课中学到知识而做的。因为慕课课程的设计团队各不相同，它的评价标准也各有不同，这取决于开设课程的教师事先确定的标准。一般授课教师会在开课前以公告的方式告诉学习者获得本课程的结业证书的具体作业要求和评分标准，学习者通过完成规定的课后作业量和测试，合格之后会得到慕课平台颁发的带有自己注册姓名的相应课程的电子结业证书，作为学习者完成课程的认证。

慕课课程的作业评价也有和传统线下课堂完全不同的方式——同伴互评。关于同伴互评的作业评价方式，很多人质疑它的公平合理性，认为做出课业评价更需要以教师的专业素养为基础，而随机分派到学习者手中进行作业评价，很难保证评价的有效性；同时，与传统课堂中的学生互评不同，慕课的学习者要面对的是数目更为巨大、学习背景各不相同的学习者群体，学习者各自完成作业及进行评测的动机也不甚相同，且对于教师而言，评测的过程缺乏监控与调解，种种争议一直没有停歇。

同伴互评有一定的使用原则，比如，即使同伴互评的结果往往看起来更可信一些，但它并不能完全取代学习者自评。因此，要把同伴互评与学习者自评结合起来。进行同伴互评前要做好相关标准的确定工作，让参与评价的学习者按照一定的标准进行评价，并最好做一些相关的训练，以提高评价的可信度。同时，一份作业要经过 3~5 位学习者共同评价，并去除最高最低分等不稳定因素，取平均值。在评分过程中，要把软件测评与同伴互评的结果结合起来，最大限度地保证成绩的合理性和有效性。

在慕课平台建设中，有一些慕课平台会定期挂出几门可以提供合作院校学分的课程供学习者参加。一般而言，学习者在注册时需要缴纳一定费用，考试结束后能够获得选修课程相对应的院校的学分，这有助于其完成该校学分，获得相应的学历。

这项服务中学习者要参加的考试也比普通的只提供结课证书的慕课更为严格。比如，答题过程中参与者要打开摄像头，将自己的身份证件和面部进行对照；考试中心也会运用一定的测量工具，检查考试者的行为习惯是否和之前的数据相同等。这种课程相比于其他数目庞大的普通慕课课程的数量要少一些，但它却是慕课在满足不同学习者个性化、打破高校学分壁垒、加速线上学位授予进程等方面的极大进步。

很多人质疑这种学分授予是否会造成廉价学历泛滥的后果。虽然目前来看，关于高校的线上学分授予乃至学历授予，以及更进一步的学校间的学分互认合作项目的发展还不是很成熟，但是，互联网的存在就是能将过去不敢想的无关事物连接在一起，缔造一个整体的传奇。学习者对更多的优质学习资源及获得学历认证的潜在需求，势必会推动慕课在学分课程问题上走得更远。

（三）慕课背景下的大学英语教学模式

1. 慕课背景下翻转课堂的特点

慕课与翻转课堂都是互联网在教育领域的发展成果——两种不同的教学模式。虽然它们是两种不同形式的教学模式，但却可以融会贯通，互通有无，彼此借鉴和改进，这样可以有效提高教学效果。翻转课堂受慕课影响，可以创新教学模式，从而有效促进师生互动、提高学生学习效率、培养学生自主学习能力等。通过翻转课堂的创新，资源共享得以实现。在慕课背景下的翻转课堂，主要特点有以下几点：

（1）资源共享

在慕课网的首页写着这么一句话：“你有一个苹果分给别人一半，你还有一半；你有一门知识，教会别人，你和别人都拥有一门知识。”这句话充分体现了慕课的资源共享理念。慕课下的翻转课堂的资源共享特点对教师和学生都有作用。对于教师而言，慕课以互联网为载体，收集海量的教学资源，这些资源可以为教师提供充足的备课资料，可以提高教学质量；对于学生而言，慕课有丰富的学习资源，学生在课堂之外，可利用慕课下的翻转课堂点击浏览其他学校的学习资源。慕课最大限度地使教学、学习资源得到共享。慕课俨然成为一本教学与学习的“教科书”。

（2）合理分配时间

在传统的教学模式中，由于受到时间和空间的限制，很多教师在教学过程中都注重对知识的讲解。特别是对那些重点字词、句子、段落、文章主旨等的讲解。这些讲解往往会花费掉整节课的一大半时间，使得对于能拓展学生知识的一些阅读背景、文本赏析及一些拓展性、发散思维的练习不能及时跟上。而慕课下的翻转课堂则不用受到时间和空间的限制，学生可自由分配时间。即使在课堂上没能掌握一些拓展知识，也可在课下自己调配时间进行学习。

（3）个性化教育

个性化教育是现代教育的主题。不同的学生对于知识的掌握、学习习惯、学习能力等都有所不同。慕课下的翻转课堂可根据不同学生的情况设置不同的学习模式、练习模式等。学生可结合自身情况，选择适合自己的学习模式。学生成为学习的主角，不论是水平高的还是水平低的学生，都可以在翻转课堂里找到适合自己的学习模式，从而控制学习时间，保证学习效率。翻转课堂的个性化教育，符合现代教育的要求，也是未来教育的趋势。

（4）加强学生自主学习意识

传统的教学模式是教师讲授，学生被动接受知识。而慕课与翻转课堂的结合，可打破传统教学模式的限制，还原学生学习主体的地位，加强学生自主学习的意识。通过翻转课堂，一方面学生可自主选择自己感兴趣的学习内容，另一方面可自由规划自己的学习进度和学习方法。学生的学习大部分由自己自主完成。长此以往，学生的自主学习意识和能力就能大大提高。

2. 基于慕课的翻转课堂在大学英语阅读教学中的应用

应用翻转课堂的教学设计必须要以大学英语阅读教学要求和大纲为前提。教师要根据每个单元的教学内容来设计翻转课堂的教学视频、PPT 等。在教学环节设计中，教师可根据教学内容设置以下三个模块。

（1）课前输入模块

课前输入模块可以说是直接关系到教学质量的重要模块。在这个模块中，教师需要把教学的内容进行整理、输入。教师可在网上收集与阅读材料相关的影视作品、图片、音频等，整理上传，把学生带入特定的学习情境中。词汇讲解时可自行录制讲解视频或查找其他教师与之相关的视频，再结合自身的讲解一起呈现给学生。课后练习板块则可以利用 PPT，把练习题目与答案详解准备好，让学生在练习后对照自己的答案，根据答案详解找出自己错误的原因并加以改正。能力提升部分，教师可让学生根据所学内容编写对话，或用英语谈谈对 A Country of Immigrants 学习的看法。这样，有了完整的输入板块，可为输出板块奠定基础，做好相应的教学服务。

（2）课中输出板块

课中输出板块包括两大方面的内容，一是对课前布置任务的检查，二是学生的实践情况。针对不同的课前任务，教师的检查方法也可以各异。例如，可采取抽问、讨论、复述、情景对话、补全课文等方式来检查学生的课前任务完成情况。输出板块对学生知识的学习、巩固具有重要的作用。在知识输出时，凡是学生不理解的内容，教师都可及时补充讲解，以加深学生对教学内容的理解。最后，通过学生的实践来检验翻转课堂的教学质量和学生的学习情况。学生实践部分可设置不同的形式，如根据教学内容写独白、情景对话、编写故事或续写故事等。学生通过实际的训练，可了解自身对知识的掌握情况，同时可以增强知识的运用能力。

（3）课后反馈板块

课后反馈板块是控制教学质量的重要板块。课后反馈有评价和强化两大部分。首先，学生对自己的课堂表现作出评价，教师也需对学生的表现作出评价。其次，针对课堂学习过程中学生暴露出来的问题进行指导和解决，避免同样的问题再次发生，通过课后评价与强化，逐步提高学生的学习能力，完成教学目标。

3. 慕课背景下大学英语教育优化措施

首先，注重参与性。在慕课背景下，大学英语教育发生了很大的转变，教学质量也得到了有效的提升，不过总的来说，其中依旧存在一些不足之处，需要进一步补充与完善。从本质层面上来说，补充与完善的过程其实就是构建参与性策略的内涵所在。尤其是在“互联网+”教育实践中，如果合理融入慕课，那必定能起到事半功倍的效果，而怎样才能有效融入便是我们必须深思的问题。随着互联网时代的到来，大学英语教学将传统以教师为中心的英语课堂转变为以学生为中心的课堂，教师从之前的知识灌输转变为学生英语学习中的合作者与引导者，学生在教师的合理引导下，自主应用“互联网+”信息环境中的资源进行英语学习。就这一方面来说，慕课参与的内容、方式等都表现出全新的变化，所以我们在慕课的实际应用中，便需要结合具体情况，合理进行慕课资源的构建，而在慕课应用反思中，则需要积极拓展其应用范围，只有这样，才能将慕课的作用更加充分地发挥出来，为大学英语教育发展提供助力。

其次，强化学生英语思维能力的锻炼。要提高学生的英语学习效果并推动高校英语教学的不断发展，就需要强化学生的英语学习思维，激发潜在的英语学习动力，改变以往机械化的英语听说读写训练。高校英语教师在进行慕课平台的教学时，要将英语教学内容和慕课平台的资源内容进行有效整合，在上课之前教师要通过慕课平台发布学生需要思考的问题与注意的事项，在上课时教师可以根据课前布置的思考问题进行提问，并让学生详细说明解决该问题的常规思路与创新思路，然后教师再进行点评和讲述。这样的教与学的过程可以充分调动学生的独立思考意识和主动探究的意识，强化学生对待英语问题的思考能力，锻炼学生的思维拓展能力，提高大学生自主探究解决实际问题的能力，为大学生的英语学习打开新的思路。英语教师综合运用慕课授课平台，可以通过慕课资源中的各种视频课程进行有效提问，组织学生自行分组讨论，分享自己的学习心得和体会，增加学生思考问题的时间，提供学生与学生之间相互交流学习的平台，让学生在互助自学中体会到英语思维之于高校英语学习的重要意义，并逐步培养学生运用思维能力进行英语学习的良好习惯，在真正意义上锻炼与强化学生的思维。

最后，借助慕课教育丰富教学手段。翻转课堂是在慕课教学平台常用的教学手段，其核心诉求是邀请学生作为教学主体，从而使学生更为有效地参与到课堂教学中。例如，英语教师可利用慕课提升学生的预习质量，在这种教学模式下，多数学生将掌握教学重点。在课堂中，教师可轮流邀请学生，对本次课程的关键知识点进行讲解。其中，每位学生仅讲解一项知识点，而台下的学生可对其进行补充。借助这样的教学手段，学生的参与意愿将得到提升，对于英语知识学习的主动性将大大提高。教师可将调整课程进度作为重点工作。另外，小组教学法，是依据学生的兴趣爱好及学习禀赋，把学生分为若干小组，并通过小组活动，使学生更为有效地参与到课堂教学中。例如，教师可将本次教学的关键知识点展示在课堂视频中，学生通过预习可基本了解相关内容。之后，教师应为学生确定讨论题目，并以小组为单位完成相关讨论。通过这样的设计，学生练习口语的机会将大大增多，教师仅需为各小组点拨关键问题即可。

二、互联网与大学英语教学

（一）网络环境下的大学英语教学模式

1. 大学英语网络教学模式的构成要素

（1）教学理论

英语网络教学中最主要的理论依据是建构主义理论，建构主义注重以信念、原有经验、心理结构为基础来建构知识。建构主义理论指导下的英语网络教学强调教师是指导和帮助学生学习的引导者和辅助者，不再是知识的灌输者；学生是自身认知结构的构建者，不再是被动的接受者。这些构成了英语网络教学模式赖以形成的思想基础。

（2）教学目标

教学目标是指在英语网络教学中，教学活动所要开展的方向及预期要达到的效果。教学目标决定了网络教学模式的构建及发展方向。例如，以提高学生词汇及语法能力为教学目标的课程应选用网络自主学习模式；以提高学生语言应用能力为教学目标的课程应选用网络任务合作模式。

（3）技术环境

技术环境主要包括局域网、互联网、校园网、广域网及计算机设备等，为英语网络教学提供一定的物质条件。网络教学模式的技术环境主要受到设备自身的性能、信息传输条件等的制约。

（4）教学策略

教学策略是指在英语网络教学中所开展的过程与方法的总和。教学策略的选择和使用涉及教学模式的有序运作。教学策略的不同，也会对教学模式的操作产生一定的影响。

（5）人机角色关系

人机角色关系中的“人”是指教与学的对象，即教育者和学习者，“机”是指计算机网络设备。英语网络教学中的人机角色关系主要包括两个方面：一是指教师与学生之间的关系，二是指教师、学生与计算机网络设备之间的关系。在英语网络教学模式中，不同的师生关系与计算机网络设备终端形成的相互作用关系相互交融，共同构建了特定的英语网络教学模式。

2. 大学英语网络教学模式的特征

教学模式是在总结教学活动经验的基础上，对教学活动方式的抽象概括。教学模式及教学活动的结构一般较为稳定，但并不是一成不变的，而是一个不断完善的、开放的动态系统。教学模式是对教学的时间和空间关系的系统概括，在时间上表现为操作的过程和顺序，在空间上表现为多要素的相互作用方式。

网络教学模式在涵盖教学模式普遍特征的基础上，增加了网络信息技术应用的特征。计算机网络信息技术在教学模式上的应用，使得传统教学模式发生了许多本质上的变化。例如，在传统教学模式中，教师是教学的中心，而教师的教学水平被看作教学效果的直接决定因素。而网络教学模式强调的是课堂教学和自主学习的结合，通过网络技术为学生提供集视频、音频、图画、文字于一体的学习资料，使教学变得更具趣味性，更能激发学生的学习兴趣，同时，将学生的自主学习与教师的教学有机地融合在一起，也促使教师改变传统的教学进程，发挥网络信息技术的优势，最终实现良好的教学效果。我们可以将英语网络教学模式的特征归纳为“个性化”“自主学习化”和“超文本化”。具体表述如下：个性化可以从教师和学生两个角度出发，从教师方面来看，网络技术的应用为教师进行个性化的创造性教学提供了技术上的支持；从学生方面来看，网络为学生提供了大量的学习资源，学生可以按照自身的兴趣或具体的学习情况有目的地、自主地安排学习。自主学习化是指学生以计算机网络技术为媒介，自主安排学习计划、制定学习目标、选择学习内容、评估学习成果的学习活动。超文本化，属于计算机用语，在计算机领域是指一种软件系统，用户可以借助该系统实现文件或文本之间的快速移动。英语网络教学中的超文本化是指多媒体、超媒体、网络学习。

3. 大学英语网络教学的主要模式

（1）网络自主学习模式

网络自主学习模式注重个性化教学和自主学习。学生是整个教学的中心，教师只是起到辅助教学的作用。

（2）网络自主探究模式

网络自主探究模式的要素是：学生+任务+参考资料+教师。这一模式一般不用于教授学生词汇、语法等方面的语言基础知识，而主要用于培养学生的语言应用能力。

在网络自主探究模式中，教师会给学生布置语言任务，如阅读某一文学作品后写感想，或译某段指定文本，或观看某一英语原版影片后写影评等。教师会提前给学生提供一些必要的指引，如上传一些相应的辅助资料，或是提供一些可参考的图书列表等。在学生完成任务的过程中，教师还会及时地通过邮件、论坛等网络交流工具与学生进行交流，对学生提出的问题予以解答。可以说，学生在模拟完成一个真实的语言任务的过程中，通过教师的不断指导，加之自身不断地改正与探索，最终达到熟练掌握语言技巧的目的。

（3）网络任务合作模式

网络任务合作模式的构成要素是：学习小组+任务+参考资料+教师。这一模式主要是通过学生组建学习小组，利用网络资源，完成教师指定的一般较为复杂的语言任务，从而增强学生的团队合作意识及提高学生的综合语言运用能力。这里的任务通常是与学生的社会生活或者工作有关的，如策划一次集体活动或者研究大学生就业形势等。

在网络任务合作模式中，教师的作用比较重要。首先，教师要按照学生的语言及综合能力水平等对学生进行分组，并提供必要的资源索引。在学生完成任务过程中，教师要及时对其出现的问题予以指正，协调小组合作时可能出现的成员矛盾，从整体上把控学生完成任务的进度，并在任务完成后开展评估工作。学生的任务主要是进行小组内部任务分工，定期进行阶段性评估，最后总结发言并提交作品。

在以上整个过程中，学生应尽量使用英语完成。如，使用英语进行沟通，选用英语的参考资料，用英语总结发言，最后提交的作品用英语书写等。这种教学模式是通过构建一个虚拟的任务情境，让学生在完成任务的过程中得到语言综合应用能力的提高，同时也培养学生的团队合作能力。

（4）网络综合教学模式

在实际英语网络教学中，单一的教学模式往往不能满足不同教学目标的需要，通常要将上述几种教学模式根据具体情况综合使用，这就是我们所说的网络综合教学模式。例如，在网上开设大学英语泛读课程，教师要求学生在课前根据某一单元内容制作网络课件并展示。当学生展示完课件后，教师组织学生阅读课文，并进行网上课后的填空、选择、判断等练习。最后，教师要求学生翻译其中的某段课文或是写一篇读后感想。这样一堂课程涉及自主接受模式、自主探究模式及集体传递模式。

（二）网络环境下大学英语教学模式的优势

1. 有利于提供大量的学习资源

网络可以给学生提供大量的学习资源，并且这些资源的更新速度很快，因此，具有时效性，其实用价值也相对较高。对于大学英语教学而言，英语教学十分注重学生所学语言的地道、真实、实用。与传统教学相比，网络教学具有非常显著的优势。另外，英语教学非常注重培养学生的语言技能与积累相关的文化知识。由于传统的教科书的文化知识内容受版面的限制，常常很难满足学生对文化知识积累的需求，而快速、涉及范围广泛的网络可以不断地为学生提供全方面的文化知识，从而有效地提高学生自身的文化素养。例如，学生在学习语言学时，可以借助网络来扩充与语言学相关的理论知识；学生在学习英美文学时，可以借助网络来了解文学作品的相关背景等。

2. 有利于培养学生的听说能力

网络教学具有开放性和灵活性的特点，学生不需要太多的英语学习材料，只要有一台计算机，就可以随时随地地利用教学资源进行学习。传统的教学资料仅仅是文本与图片的结合，是静态的；而网络教学资料集文本、图片、音频、视频等多种媒体于一体，给学生的学习带来了美妙的视听享受。丰富的语言学习材料、生动有趣的动感信息增添了学习的趣味性。除此之外，英语网络教学还给学生提供了一个线上交流的平台，通过网络，学生可以和其他英语爱好者一起交流学习。这就是英语网络教学所具有的视听优势。英语学科主要培养学生的听说读写能力，而网络教学所提供的正是视听方面的教材。因此，相比其他学科，英语学科使用网络教学更能体现其优越性，也为学生个性的发展提供了更广阔的空间。

网络英语教学给学生提供了真实的英语交际环境，学生可以通过人机交流不断地锻炼自身的英语交际能力。综上所述，网络教学所提供的视听资源、网络线上交流平台提供的真实的英语交际环境有利于培养和提高学生的听说能力。

3. 有利于提供新的师生交流平台

网络教学能够扩宽师生的课下交流平台。学生可以通过论坛给教师或同学留言，也可以通过发帖的形式提出问题或回答他人的问题；教师可以通过平台的通知板块为学生提供学习建议，提出学习目标或是发布近期作业。此外，在大学英语教学中，教师可以通过网络教学中的电子邮件的方式来加强师生之间的课下交流与沟通。可以说，网络不仅使师生之间的沟通更为方便、快捷，还促进了教师与学生之间的交流。

4. 有利于培养学生的自主学习能力

传统的英语教学主要是以教师为中心，采用的是灌输式的教学模式，主要以教师的讲解为主，学生只是被动地接受教师所传授的知识，学生的参与度很低。长此以往，教师的语言表达技能得到了充分的锻炼，却逐步地削减了学生的自主性及积极性。

在网络教学中，网络平台的使用合理地解决了这一问题。在网络教学中，学生可以通过操控网络学习平台，不受时间和空间的限制进行自主式的学习，自主选择课程，自主安排学习进度，并通过人机交流的方式进行语言练习，从而实现真正意义上的个性化学习。学生学习语言知识不再仅仅依靠教材和教师，而是通过网络自主学习，在构建自己的知识体系的过程中逐步提高自身的综合语言运用水平。

第八章 跨文化英语教学与课程设计教学模式创新

第一节 跨文化交际课程中的 Seminar 教学模式

将 Seminar 教学模式引入跨文化交际课程中，探讨了 Seminar 教学模式实施的可行性和必要性，并设计了具体的实施步骤。Seminar 教学模式能激发学生的学习热情、提高自主学习能力、批判性思维能力和跨文化交际能力，符合英语专业创新型人才培养的目标。

一、问题的提出

随着跨文化的经济和社会交往日益频繁，国家之间的相互依赖日益加深。由于语言、文化背景、思维方式、生活习俗的差异，跨文化交际能力成为国际交流的重要因素。跨文化能力包含“文化知识、解释和关联技能、探索和互动技能、态度、跨文化敏感度”等相互关联和相互作用的因素。为适应时代发展的需求，我国许多高校的英语专业单独设置跨文化交际课程，凸显跨文化交际的重要性。

跨文化交际是 20 世纪 60 年代源自美国的一门交叉性学科，20 世纪 80 年代跨文化交际学引进中国，开始受到教育界的重视。跨文化教学的目的旨在培养学生具备国际视野和包容心，在熟知多种文化的基础上能客观评价本土文化和外来文化，具备文化观察、文化阐释的能力和批判性思维能力，最终将知识应用到跨文化交流中去。那么，在跨文化交际的课堂上，教师如何突破知识灌输的瓶颈？教学方式如何改进？知识与交际能力之间如何转化？课堂教学如何提高学生跨文化的实践能力？这些已经成为跨文化交际课程教学中急需解决的问题。

二、Seminar 教学法

Seminar 一词源于德国大学的教学组织形式，指“学生的论文研究发表会”。这种教学形式的特点是：教学研讨以某个“主题”展开；教学对象主要为高年级学生；教学班级规模较小。20 世纪 80 年代，以学生为中心的 Seminar 教学范式成为美国高等教育改革的一项重要举措，要求学生不但要成为知识的接受者，还要成为知识的探索者、创造者。

Seminar 教学的基本程序是：

（一）确定选题

首先由教师规划好学期的教学内容，设定各章节的主题，然后遵循学生的研究兴趣，自主选择具体的研究主题。

（二）自主学习

学生的任务是依据教师提供的参考书目来阅读主题内容、独立思考、撰写主题论文。

（三）课堂讨论

负责主题单元的学生需要综合分析国内外的研究状况，阐述研究的主要思想和观点，解答其他同学提出的问题。学生们在交流中可以拓宽研究视野，并深化对主题的理解。

（四）论文反馈

在课堂展示和讨论之后，教师需要及时反馈意见，同时学生要对别人的研究论文提出自己的意见。

三、Seminar 教学法在跨文化交际课程中的应用

（一）Seminar 教学法实施的可行性

跨文化交际课程面向的是大三英语专业学生，学生具备相对扎实的知识基础、成熟的思维模式和自主学习能力。英语专业的班级基本上是不超过 40 个人的小班，这为 Seminar 教学法的实施提供了良好的环境。跨文化交际课程具备很强的实践性和应用性，知识内容繁多，涉及面广，依靠教师单一的课堂信息输入无法满足学生实际的交际需求，学生必须具备主动获得分析问题、解决问题的能力。Seminar 教学法以“主题”为中心，鼓励学生查找资料、树立观点，独立展开研究，并能就自己的研究成果与同学和老师进行探讨，这将大大有利于学生研究能力和思维能力的发展。

（二）Seminar 教学法实施的必要性

在目前的跨文化课程教学中，存在一些教学模式弊端，如：教师主要通过单向的教学来传授各国不同的文化知识，忽视对学生的跨文化感知能力和批判能力的培养；教师依旧是课堂的中心，学生依赖课本，主体地位未落到实处；教学评价体系直线化，不够立体全面，看重学生掌握知识的内容与熟练程度。这种教学模式不利于跨文化交际能力的培养，纯记忆式地被动接收知识在信息时代“无法生存”。教师如何找到学生的“最近发展区”，刺激学生的学习欲望，发挥支架的作用，为学生提供发展交际能力的空间，关键要鼓励学生主动地去研究、探索和分享，并把这些知识和方法创造性地运用到跨文化交流中去。

（三）跨文化交际课程中 Seminar 教学法的实施步骤

1. 第一步：准备研究选题

这里选用的教材是《新编跨文化交际英语教程》，全书以不同的主题为线索，共分为10个主题单元，如：文化与交际、语言与文化、跨文化言语交际、跨文化非言语交际、跨文化适应等。该课程共48个学时，每个主题约占4个学时，另外8学时用来教师的示范和总结。在第一周的课程中，教师向学生讲解教学内容、安排计划，让学生了解跨文化交际的基本内涵、学习目标、论文的写作要求及 Seminar 教学法的操作过程，并将全班学生分成若干小组，每组3~4人，组长1名，负责本组研究任务的具体分配。每组的研究主题为不同主题单元，主题单元分为不同的子单元。以“跨文化非言语交际”主题为例，可以分“手势”“表情”“眼神”“姿态”“身体接触”等子单元，学生有一周的准备时间，按照不同的研究任务，依据教师提供的与主题相关的参考文献，去查阅资料，撰写论文。在自学为主的准备环节中，学生必须调动内在的非智力因素，积极参与，克服惰性、提高意志力。

2. 第二步：课堂展示

各小组课前对主题的研究程度可以直接从论文报告中体现出来。每组由一名同学作为代表对指定的研究题目进行陈述，并用 PPT 展示出来。时间安排为45分钟，内容需要包括理论介绍（约10分钟）：如非言语交际的含义、文化定式、非言语行为的传播内容等；论点阐述（约10分钟）：如言语与非言语交际的比较、各民族文化的非言语交际行为的共性与独特性等；案例分析（约15分钟）：如不同民族在手势、身体接触方面表现出来的差异性等；设置开放性问题（约10分钟）：如教师和同学在课堂上的非言语行为有哪些，对课堂教学有什么影响，如何调整非言语行为来达到学习效果的最优化。学生作为自我学习过程与学习目的之间的沟通者的角色，来自其在所参与的活动中的角色，这种角色对学生的意义在于他们应该将所学用于交流，从而以互动的方式学习。学生代表在课堂上展示的主体地位能够调动全体学生的参与积极性，活跃课堂气氛。在研究探讨型 Seminar 中，讨论环节是重头戏，全体同学参与开放性问题的讨论，并提出问题。

3. 第三步：教师反馈

在小组学生主持的研究陈述结束后，教师首先就研究报告内容的完整性、结构的层次性、观点的清晰度、案例的广度深度、PPT 展示的效果、陈述的语言表达、讨论方面进行评价与总结，指出存在的问题，如：对非言语交际的含义解释得还不够清楚、报告中的观点缺乏支撑、论据不足、案例不充分、PPT 的制作形式大于内容等，然后补充案例，引导发散思维，在巩固的基础上进一步深化拓展知识。如非言语行为中的两性在目光语、表情语、身势语、体触语、空间语等领域的差异及现象背后的本质（地位、权势、支配等角度）；交际情景中的言语与非言语行为的冲突会有什么特殊的交际效果和交际障碍等。

学生在大量查阅资料、与同伴共同探讨学习之后，对研究主题有较为深刻的理解，有很清晰的思维与想法，课堂上的展示进一步促进学生的表达能力和逻辑思维能力。正如“不愤不启，不悱不发”的教学原理，此时的教师反馈不再是教师的“一言堂”和“独角戏”，学生的求知欲望被激发，良好的知识储备让学生更自信，思想更有深度，与教师的互动才能摆脱热闹的假象，从本质上达到促进深化的效果。同时，师生的思想碰撞大大拉近了师生的心理距离，师生感情的升温成了学生学习的助力器。好的教学不仅意味着流利的语言，不让学生睡着，也不仅意味着教师讲授的课程要“内容清晰，结构合理”，而更多意味着智慧的展示和对学生心灵的启发，意味着开发青年人的头脑，培养其形成清晰缜密思维的习惯。

4. 第四步：撰写反思日记

教师反馈后，学生需要以日记的方式进行自我评价，具体包括：

①记录在查阅资料中获得的新知识；

②描述在小组学习中如何沟通，解决争议的途径；

③表达对教师反馈的思考；

④指出自身存在的不足与需要改进之处；

⑤设置下一步的学习目标等。

反思日记可以促使学生进行有效的自我反思，也能积极推动师生的相互沟通，使老师能更全面了解每个学生的学习动态、学习效果，为下阶段的教学做准备。撰写反思日记能帮助学生梳理思路，反思自我的认知、价值取向和思维活动，用综合、评价等批判性思维来分析跨文化交际中出现的各种文化冲突、文化融合等问题，促进有意义的跨文化交际学习，促进评判性思维能力的发展。

（四）面临的挑战

Seminar 研讨式教学需要学生在课前、课后投入大量的时间和精力来准备和思考，而跨文化交际课程开设在英语专业的大三年级。在大三，学生除了语言基础技能课程，还增加了很多英语专业课程，如英美文学、英美国家概况、语言学等，学生的课程繁多，学习负担非常重。跨文化交际课程内容繁杂、涉及面广，实践性强，要把学生的知识准备、教师的拓展和师生间的讨论融入有限的课时里，对教师、学生都是一种挑战。Seminar 研讨式教学的效果主要取决于学生的参与度，如何调动学生的积极性，让学生高质量地配合是教师面临的首要问题。教师需要积极示范，创造学习氛围，针对学生不同背景、需求和兴趣，有选择地组织教学活动，让学生被激发出来的学习欲望得到延伸和满足，这对教师的能力有了更高的要求。学生要转变惰性的“听课”模式，肯花时间，肯吃苦，在掌握扎实的语言知识的基础上，有意识地锻炼研究能力、团队合作能力，培养良好的国际视野、逻辑思维能力和文化敏感度。

Seminar 教学模式是研究性学习的教学实践，具有学术性。在教学和研究的过程中，教师从事的是研究性教学，而学生从事的是自主性的研究学习。将 Seminar 教学模式应用到跨文化交际课程的教学是一种新的尝试，学生在研究过程中进行概括、分析、综合、运用等思维活动，对文化和文化差异现象进行研究分析，尝试解释，对异域文化进行对比探索，并及时反思总结。这种研究+探讨+反思式教学模式能增强学生的自学能力、口头表达能力和文字组织能力，提高跨文化敏感性与自觉性，促使学生以更包容的心态、更全面的视野、更深刻的理解来与不同文化取向的人进行交流。学生不仅成为知识的主人，也获得更为重要的独立学习能力，这将使学生受用终身。

第二节　BOPPPS 模型的跨文化交际英语课程

跨文化交际是指不同文化背景的人们（信息发出者和信息接收者）之间的交际。随着现代科技的发展、传播通信技术的进步和经济的高度全球化，不同文化背景的人们之间的距离缩短，跨文化交际成了日常生活的一部分，人们对其研究也蓬勃兴起。由于语言教育在很大程度上与文化教育是无法分割的，因此跨文化交际作为外语教育研究的热门课题，引起了众多学者的普遍关注，注重培养跨文化交际能力。在专业课程教学中教师要注重培养学生对文化差异的敏感性、宽容性及处理文化差异的灵活性。

在外语学习中，自20世纪80年代以来关于学习者自主（learnerautonomy）的问题就得到了广泛而深入的研究。本质上来说，自主是一种能够进行公正而具有评判性反思的能力，做出决策的能力，以及采取独立行动的能力。虽然自主学习在一定程度上对以往以教师为中心的教学模式提出了挑战，但这并不意味着教师主观能动作用的弱化。相反，作为学习者自主的前提，教师的重要性不容忽视。在自主学习模式中，教师通过教学调控、教学活动、激发学习者的兴趣及情感交流等多种手段充当引导者和顾问的角色，对学习者自主的促进仍然起到决定性的作用。

BOPPPS教学模式比之以教师为中心的继往教学模式能够更好地在基于教师的主体引导作用上以学生为中心，更有效地发挥学生的自主能力。本部分试图在跨文化交际英语课程中引入BOPPPS教学模型设计教学活动，既使学习者通过参与式学习充分发挥主动性，又通过实现学习目标及课堂教学互动化体现教师的主导作用。

一、BOPPPS模型理念

“以学生为中心，教师为主导”的BOPPPS教学模型是一种有效的将教学实践与教学理论相融合的课程设计模式。BOPPPS教学模式可以划分为六个阶段：导入（Bridge-in）、目标（Objective）、前测（Pre-assessment）、参与式学习（Participatory Learning）、后测（Post-assessment）和总结（Summary）。这六个阶段的具体意义与主要任务如下：

①导入（Bridge-in）作为第一阶段，其主要任务是吸引学生的注意力，让学生集中注意力于将要学习的课程内容。这一阶段的教学策略包括介绍课程的目标，指出即将学习的课程内容的重要性，提出与主题相关的问题引导学生。教师可以分享与课程内容相关的个人经验或故事，提供一个集中学生注意力的介绍，将学生已经学习的内容与将要学习的内容联系在一起，从而激发学生的动机。

②目标（Objective）作为第二个阶段，包括认知、情感和心智运动技能等各方面。教师应当明确学习目标，即在学习过程结束时，学习者应当了解什么内容、重视什么内容、学到什么内容及他们能够获得的能力。通常说来，对于学习者而言，一个清楚的目标可以概括为谁（Who）将学到什么（Do What）、在什么情况条件下（Under What Condition）和学习的程度如何（How Well）。明确理解课程目标有助于激发学习者的学习渴望，使他们

养成自发学习的习惯。

③前测（Pre-assessment）作为第三阶段，主旨在于让教师了解学习者的情况，确定学习者的兴趣和能力，并据此调节学习内容的深度与速度更好地适应特定的学习者。测试、家庭作业和非正式的问答都可以达到这一目的。教师通过预测分析估计学习者的兴趣和能力，并以此调节课程的深度和进度。学生可能通过这个评测专注于明确的目标并表达自我。

④参与式学习（Participatory Learning）作为第四阶段，主要包括教师与学生之间的互动及学生与学生之间的互动。教师应当鼓励学生积极参与，将学生分组，讨论相关学习问题并在授课时注意学生的思考。

⑤后测（Post-assessment）作为第五阶段，重点在于通过各种检验手段评估是否实现了教学目标，学生是否掌握了已教授的内容。教师可以采用评价表、技术评价及学生设计的展示等多种评价方式，了解是否实现了教学目标，从而可以对授课方法进行相应调整。通常来说，对于基础知识内容课程可以采用多项选择或是简答题测试；对于应用分析的课程，可以通过问题解决任务检查；对于技术课程可以采用检查表测试；对于态度价值类的课程可以采用态度量表或是个人反思。由于测评与目标或是结果直接相关，因此测评方式随着课程学习内容而变化。

⑥总结（Summary）作为最后一阶段，旨在总结授课内容，整理并综合所学内容重点，布置课后任务，并宣布下次的课程内容。教师应当表扬学习者的努力并指出他们作业中需要应用的要点所在。

二、基于 BOPPPS 模型的跨文化交际英语课程的设计和应用

为了将 BOPPPS 模型理念有效地应用于跨文化交际英语的课堂，发展学生的自主学习能力并强化课堂教学效果，我们将根据 BOPPPS 的六个阶段将整个教学活动设计为以下几个活动：主题讲座（Theme Lecture）、研讨会（Workshop）和课外实践调查（Practice and Survey）。

（一）主题讲座（Theme Lecture）

主题讲座是一种开放性的模式，因此将课程内容细分为各个主题讲座可以有效地通过与学生的互动引出并梳理主题，确定目标和学习内容。这一设计涵盖 BOPPPS 模型的前三个阶段，即导入、目标和前测。

主题式教学是基于课程文本内容展开探究的一种教学设计。讲座在确定主题过程时，

教师面向全体学生，吸引学生的注意力，然后根据教学目标向学生明确将要学习的内容，收集学生所提的问题和看法，从而了解学生的基础和兴趣所在，整理汇总学生的反馈信息并引导学生主动参与和探究发现、重组整合确定主题。学生在阅读文本时，通过独立思考提出问题，相互交流，通过思想的碰撞而梳理出有价值的关键点，并将重点内容凝练成大的话题。主题讲座这种设计通过引导、梳理并确定主题既保证了教师作为引导者的主导作用，又使得学生明确了学习目标和学习重点，围绕主题对所要学的内容展开自主探究，在建构知识架构的过程中充分发挥积极性和主动性。人们对于文化差异的认识有四个不同的阶段，在通过与学生的有效互动而确定主题之后，教师再介绍讲解相关专题知识，这种方式保证了在教学过程中真正做到以学生为中心。

（二）研讨会（Workshop）

由于跨文化交际英语课程是面向大四英语专业学生开设的，因此学习者具有良好的思考和学习能力及较强的语言表达能力。由于 BOPPPS 模式的教学理念强调的是从以教师为中心的传统教学模式转变为在发挥教师作用的情况下以学生为中心的新型教学模式，因此参与式学习是其中的重要环节，研讨会（Workshop）能够在很大程度上加强教师与学生及学生与学生之间的互动，使学生充分实现参与式学习。教师可以将全班学生分为每组三四人的若干小组，分工协作完成研究任务。在研讨会可以展开诸如主题研究和案例分析的活动。就主题研究而言，即在基于“主题讲座”的主题上，要求学生独立查找收集相关资料，通过小组开放性的研讨而综合运用所学知识解决问题。学生根据教师在主题讲座中提供的主题，分工查阅相关文献资料，撰写论文，并制作成 PPT 在课堂上展示。跨文化交际作为一门要发展跨文化交际能力的课程，需要将文化知识应用到跨文化交流的实践之中，案例分析由于其生动具体的可感性、启发性和突出的实践性可以让学生从分析实际问题入手，发展具有批判性的自主思考能力和应用能力。一般说来，研讨会选取的跨文化交际的案例应当与跨文化交际中遇到的实际问题相结合。研讨会上的案例分析可以让学生理论联系实际，在讨论分析问题中开拓思路并积极思考，加强学生之间及学生与老师之间的交流互动，培养学生的英语语言能力和自主探究能力。

（三）课外实践调查（Practice and Survey）

BOPPPS 教学模型的最后两个阶段是后测与总结，希望检测学生是否实现了学习目标，因此在跨文化交际英语课程中就相应地设计为课外实践调查活动。教师在完成教学任务总结所学主题和内容之后，给学生布置调查或实践作业。实践活动主要是让学生以小组为单位，选择活动主题，通过与外教和留学生的接触对跨文化交际进行社会实践，如了解他们对中国的饮食及对于人情往来的看法，感受双方之间的文化差异。调查研究作为一种有目的和计划的系统活动，可以让学生通过课堂所学知识选择课题，设计调查研究方案，分析整理资料，得出研究结果。在调查研究过程中，学生可以充分运用课堂上所学到的理论知识解释现象或解决实际问题，通过撰写调查报告分析问题并深化所学知识。教师通过对调查报告的评阅引导学生掌握和理解所学知识。

在全球化的今天，我们面临的是一个多元文化的时代，现代传播技术发展极大地缩小了人与人之间的距离，跨文化交际已成为常态事物，因此跨文化交际能力成为人们必备的素质之一。BOPPPS 教学模式作为一种先进的有效教学模式既能发挥学生的主体作用，通过学生积极地参与和互动，从而发展学生的自主能力，又能以教师为核心起到良好的引导作用。将 BOPPPS 教学模式引入跨文化交际英语课程教学中不但可以革新传统的教学模式，而且通过基于 BOPPPS 的六个环节的形式多样的课堂活动更使得跨文化交际英语课程的教学设计具有创新性、理论性、开放性和实践性，从而增强学生的自主学习能力和研究分析能力，培养学生的跨文化交际能力。

第三节　案例教学法的“跨文化交际”课程设计

随着高校英语教育教学改革的不断发展，培养跨文化交际能力已成为当今高校外语教学的重要目标。大学英语教学应该充分考虑对学生文化素质的培养和国际文化知识的传授，要尽可能地利用语言载体，让学生了解科学技术、西方社会文化等知识，以提高学生的跨文化交际意识，培养其跨文化交际能力。因此，在英语教学中培养学生的跨文化交际能力，进行跨文化交际的实践运用，是从整体上提高大学生英语综合素质和能力的必然要求和趋势。针对在校本科生开设的“跨文化交际”课程是一门实践性和应用性较强的课程，其特点和教学目的决定了教学应以案例分析为主，理论介绍为辅。如何在实际教学操作中有效地设计与实施案例教学法是本节研究的主要内容。

一、案例教学法

案例教学法，也可以称之为范例教学法，从词源上看，“范例”源于拉丁语“exenplm”，意思是“好的例子”“典型的例子”。案例教学法的定义可以这样来理解：在学生掌握基本知识的前提下，通过教师的策划指导，运用相关典型案例，以学生独立思考、团队合作的方式，培养其识别、分析和解决具体问题的能力，同时塑造有利于将来实际工作中所需要的沟通、协作、管理等能力。

案例教学，最早应用于美国的法学院。后来哈佛商学院首次把案例教学法应用于商业教育，取得很大成功。案例教学法的优点在于：第一，有助于调动学生学习的积极性，使学生成为课堂教学的中心；第二，有助于培养学生独立思考、分析推理能力和表达能力，体验专业的思维方法和解决问题能力；第三，有助于培养学生的系统理论思维，案例教学法通过给学生提供一种认识和解决实际问题的模拟临战的机会，使其专业的思维能力和技能得到充分训练。

大学英语教学实践证明，与传统的教学方法相比，案例教学法具有以下特点：以学生为主，着眼于能力培养；强调集体合作而非个体单干；强调互动式教学，培养的是决策能力及锻炼学生以当事人的身份解决相关问题的能力；强调批判反思而非结论教条。案例教学着重培养学生的分析能力和思考能力，提高综合运用各种知识的能力，倡导多向发散型的思维方式，不求聚合效应，有利于充分培养学生的创造力和想象力。

二、在跨文化交际课程中运用案例教学法的研究现状

跨文化交际能力应包含知识、情感、行为三个不同的层面。知识层面即文化知识，情感层面即跨文化敏感度，行为层面即交际方式。传统的“跨文化交际”课程局限于知识层面即文化知识的学习，较少涉及跨文化交际的情感和行为教学。在跨文化交际课程中运用案例教学法有助于师生从“跨文化知识=跨文化能力”的怪圈中走出来，通过以案例为先导与核心的教学方法，促进学生在跨文化知识、情感及行为三个层面共同提升。

国内采用案例教学法的主要是法律、商务、医学、管理等专业，而对跨文化交际教学领域的研究和关注甚少。大部分教师所采用的讲授法虽然可以传播知识，却不一定能有效提高跨文化交际能力，使用案例分析法可以训练学生从不同角度思考问题的能力，提高他们的跨文化敏感度和文化意识。从跨文化教学的教材与教法角度出发，提出背景知识导入、文化内涵探索、案例分析、角色扮演、实例搜集五种教学方法，其中，案例分析法与实例搜集法相互涵摄、共生互促，既遵循了教学由浅入深的规律，又极大发挥了学生的学习自主性。从教学实践出发，论证了跨文化交际案例语境教学法的适存性、可行性及教学价值，探讨了案例教学法对学生语言能力的促进与提升。从案例库的构建原则、案例来源、案例标注、案例检索等方面介绍跨文化交际案例库的构建方法，是国内鲜有的跨文化交际案例数据库构想。

对案例教学法在跨文化交际课程中的操作过程进行探讨，以期为案例教学法在跨文化

交际课程中的应用提供参考。

三、案例教学法在跨文化交际教学中的可行性

(一) 案例教学法符合大学英语教学改革的主旨

长期以来，大学英语教学中存在着重知识、轻能力的现象。同学们只重视能否通过全国性终结考试。而大批同学对于英语国家的文化知识知之甚微。究其原因，主要在于大学英语授课主要以老师为中心，以通过考试为目的，学生们缺乏文化认知的意识，无法调动同学们的学习兴趣和积极性，也不能有效地培养学生实际运用语言的能力。因此教师必须树立正确的教学理念。跨文化交际是一门理论性较强、难度偏大的课程，在实际教学过程中，倡导“以学生为中心，以教师为主导，全面提高学生的文化素质”的教学理念，利用案例教学法充分调动教与学双方的主动性和潜能，促进教师角色变化，最大限度地实现教学目标。教师不仅仅是语言知识的传授者这一单一角色，而且是语言交际环境的营造者，学生学习的促进者、学生学习过程的指导者、学生学习潜力的挖掘者。

(二) 案例教学法可以充分利用各种教学手段

教师可结合各章节的内容，在课堂上通过一些具有文化内涵的图片或实物，设计以文化为主题的活动，营造跨文化语境，烘托文化气氛，让学生们对不同文化中的言语行为规范进行语用分析，培养学生的跨文化意识，提高学生语言表达的得体性与跨文化交际能力。具体地讲，针对跨文化交际理论中的跨文化交际障碍，教师可以通过英语成语故事、格言典故等，比较得出汉英文字的巨大差异和中西文化传统方面的迥然不同。可见，这样不仅丰富了教学环节，实现了教学目的，并且提高了学生对于跨文化交际的认知兴趣。

(三) 案例教学法有助于建立主体参与性教学模式

教学中的主体参与是学生对教学行为的现在性创设，是他们对教师教学的共时性合作，也是他们用饱满的情绪分享、支持与创造教学活动的过程。主体参与反映了学生对活动的正向态度，是对活动“属我”的认同和能动性作用。主体参与是学生生命力在教学中的体现，是教学民主的实际践行。案例分析教学是将准备好的案例在课堂上进行讨论、辩论或表演。这意味着学生是课堂的主人，他们需要积极投入活动中，开动脑筋、质疑问难、发表自己的见解、认真探究、主动回答问题、积极讨论、动手操作、练习等。对学生而言，他们有兴趣、自信、自主地融入课堂中；对于教师，学习要正确引导和支持。这样

既实现了情感沟通，达到了教学相长，又充分体现了主体参与教学模式。

第四节　商务英语教学中跨文化交际意识的培养

跨文化交际作为高校商务英语专业教学的重要组成部分，不仅能增强学生专业应用能力，还有助于推动学生健康发展。由于我国与其他国家的社会经济形态、价值意识观念等方面有所差异，因此，高校专业教师在开展教学活动时，要结合社会实际发展要求，创新商务英语教学模式，通过培养学生跨文化交际意识，增强学生商务英语交际能力。

随着全球化经济不断发展，国际贸易日趋增加，商务英语在我国社会各个领域的应用更加广泛，对具有跨文化交际意识的高素质、高能力、高专业的复合型人才要求越来越高。因此，在高校商务英语教学过程中，要注重培养学生跨文化交际意识，提升学生专业英语应用能力，促使学生自身形成开放、包容的思想理念，为增强我国世界影响力提供更多人才保障。

一、商务英语人才培养要求

商务英语是一门应用途径较为广泛的学科，在培养专业人才时，除了让学生读懂英文，更能让其真正了解英语交际文化，熟练掌握英语语言正确运用方式，进一步提高其跨文化语言交际能力。另外，在商务英语应用过程中，主要采用书面对话及口头交流形式，学生不仅要准确接收和传递商业信息，还要理解并尊重对方语言表达习惯，营造温馨惬意的沟通氛围，这样才能为业务发展提供机遇。因此，在培养商务英语专业人才过程中，教师要注重培养学生跨文化交流意识及综合能力，让学生拥有包容其他国家文化的心态。

二、跨文化交际意识在商务英语应用中的具体作用

（一）增强交流者语言表达能力

跨文化交际意识在高校商务英语教学中具有十分重要的作用，其不仅能提高交流者商务工作交流效率，还有助于增强其语言表达能力。由于高校商务英语专业学生从事相关工作后，会遇到出国工作任务，其语言表达能力代表着企业形象。因此，将跨文化交际思想意识切实融入商务英语应用中，能够更好地帮助学生锻炼自身语言表达能力，提升学生语感默契，让其在各种语言环境与人对话时打破英文语言逻辑的约束，使双方交流沟通更加

高效。

（二）提高交流者演说表达自信

跨文化交际意识在提升高校学生商务英语应用水平、增强交流者演说表达自信方面具有重要意义。在实际应用商务英语过程中，跨文化交际思想意识能够促使商务交际双方对话顺利进行，帮助交流者正确认识对方国家文化习俗、生活习惯等方面内容，进一步增强自身演说表达能力。随着交流者跨文化交际意识不断增强，其商务英语表达方式更加多样，英语交流内容更加丰富，这使交流者在后期跨文化交际中，树立演说表达自信心，并在此基础上转变自身交际心态，在增强自身交际能力的同时，提高对商务英语交际活动的积极性。

（三）培养交流者的文化包容心态

文化包容心态能够促使交流双方敞开心扉，更加容易理解对方语言环境、思维状态，以此提高双方交流默契，为实现商业合作目的提供更多可能性，而跨文化意识是培养交流者树立正确文化包容心态的重要方式。在商务英语跨文化交流过程中，交流者可以通过详细观察对方表情、声调、肢体动作，深入感知对方思想理念与情绪波动，从而全面了解对方想法。这样不仅能拓展交流者自身认知与思维，建立各种文化包容心态，而且能在商务英语交流中充分考虑对方的实际需求，促使商务工作活动顺利开展。

三、大学商务英语教学中培养跨文化交际意识的根本原则

（一）实用性

英语语言是高校商务英语专业课程的重要组成部分。由于部分高校考试评价体系不够完善，学生学习商务英语只注重通过期末考试获得资格证，从而导致其在语言交流方面实用性较差。因此，专业教师在开展课堂教学活动时，应不断创新教学方式，丰富教学资料内容，并结合跨文化交际思想理论，通过贴近时代、生动鲜明的语料，在商务英语实践教学中锻炼学生语言应用能力。同时，教师要适当调整专业评价体系，将传统以阅读理解为核心的教学方式逐渐转变为以分析应用为核查对象的考试评价模式。此外，教师在开展跨文化交际、商务谈判、商务工作报告写作等实践性较强的课程教学时，要利用在线教育、情景模拟、网络资源及小组活动等教学方法，打破传统课堂教学模式，将共情、思辨、探究、反省、体验充分融入教学活动中，从而有效增强学生商务英语语言综合应用能力。

（二）持续性

与获取语言应用能力相似，积累跨文化交际商务英语知识是一个漫长的过程。由于学生之间具有明显的个性化特征，其对于同一问题具有不同看法，不同阶段学生对问题的认识程度有差异。因此，专业教师要坚持循序渐进的基本原则，以跨文化交际意识与教学指导设置科学、系统、稳定、高效、长期的教学环节。在学生初级学习阶段，教师可以重点培养其语言应用能力；而在高级学习阶段，教师要引导学生自主分析商业文化、目标语言，正确认识语言和文化之间不对等现象，以此来提高学生文化意识的敏感性。另外，教师可以采用情景模拟、案例分析等教学方式，鼓励和指导学生详细分析和对比各个国家不同的历史文化、社会经济形态、民族风俗习惯等内容，促使学生认知领域不断扩大，让其能够在后期商务工作中充分发挥商务英语附加价值。

（三）创新性

在传统高校商务英语教学中，教师处于课堂教学的主导地位，受传统思想观念影响，其通常只注重教授语言理论知识，忽视了熟练应用的重要性，从而制约着学生跨文化交际意识的培养。在新时代背景下，专业教师要突破传统教学模式束缚，积极转变自身价值观念，深刻认识跨文化交际对商务英语教学的影响。同时，教师要不断强化自身教学能力，从发展角度看待培养学生跨文化交际能力的重要意义，并采用科学有效的技术手段转变教学导向，在详细研究应用语言学、功能语言学、社会语言学、心理语言学等方面知识时，不断增强自身商务语言应用能力和综合文化素质，从而更好地推动商务英语教学顺利开展。

四、大学商务英语教学中培养跨文化交际意识的具体策略

（一）优化教学方法

在高校商务英语课堂教学中，教师可以采用角色扮演、案例讲解等方法增加课堂趣味性，吸引学生注意力，让学生在丰富自身理论知识储备的同时，提前接触实际相关案例，将理论知识与商务工作有机结合，尽量避免未来工作出现错误。在商务英语教学过程中，教师要合理运用案例教学方法，让学生自主参与课堂教学活动中。例如：教师通过模拟实际案例交流场景，让学生互相扮演其中角色，指导其自主完成特定场景交际任务，让学生能够站在所扮演角色的角度思考问题，并在此基础上强化自身语言应用能力。角色扮演不

仅能为课堂教学提供实际交流环境，还能培养学生跨文化交际思想意识，推动学生健康稳定发展。此外，随着信息化进程不断加快，互联网、计算机等先进技术在社会各个领域广泛应用，为人们日常获取信息资源提供了便利。在这种发展情况下，高校商务英语专业教师要熟练掌握和运用先进科学技术，在网络上搜寻更多教学资源，筛选具有价值的教学内容，而后通过图片、文字、视频等方式在多媒体中展现出来，以此激发学生学习商务英语的兴趣。这样不仅能够打破课堂教学的空间及时间限制，还能够增强学生自主学习能力，提高学习积极性与热情。

（二）设置跨文化交际意识培养标准

由于跨文化交际概念过于繁杂，所以高校商务英语教师在培养学生跨文化交际思想意识时，要根据学生实际需求，合理设置培养标准，为商务英语课程明确教学方向。此外，教师要采用先进科学指导形式培养学生商务英语综合应用能力，切实增强学生跨文化交际意识。另外，在制定相关标准过程中，高校教师应充分考虑将商务英语专业人才的跨文化语境、英语口语及商业应用方面知识内容有效整合，为开展课程教学活动提供专业培养管理机制，通过不断丰富教育教学方式，提高学生学习商务英语的积极性和热情。

（三）提供跨文化交际语言氛围

良好的跨文化交际商务语言学习氛围能够让学生在实际应用环境中，正确树立英语应用交际自信心，让学生在未来商务工作中能够更好地开展交流活动。因此，高校商务英语专业教师在培养学生跨文化交际能力和意识时，要为学生创建良好的语言氛围。例如：高校专业领导可以加强商务英语学生与外国留学生之间进行命题交流的程度，并根据学生实际交际表现和交流成果进行评分，将该成绩纳入期末考核成绩中，以此激励学生踊跃参加跨文化交际实践活动。另外，高校可以组织学生进入外贸企业实习，让学生更加直观地感受和熟悉商务工作氛围，建立起商务英语现实应用印象，为后期开展工作提供重要保障。

（四）构建完善的课程体系

高校要加强商务英语课程革新力度，将培养学生跨文化语言交际能力作为课程教学重点，建设更加专业的教师队伍，创新和优化课程结构、教学目标及教学内容等，使商务英语课程教育体系更具系统性和完善性。为增强学生跨文化交际意识和交际能力，高校教师在开展商务英语课程教学中，可以融入中外文化，让学生深入了解和明确中外文化之间的差异，在增强其文化自信与底蕴的同时，切实提高其跨文化交际意识。许多高校英语课程是由外教人员负责，外教在与学生进行交流和对话时，可以进一步提高学生语言表达与交际能力，让其充分掌握外国文化风俗及语言表达习惯。另外，高校可以根据新增内容编制商务英语教材，在原有教材基础上添加英语应用、口语表达等教学内容，根据学生未来实际发展需求设置教学目标，不断创新和完善教学方法和教学内容，让学生在日常学习中切实提高自身英语知识储备和实际沟通能力。

（五）引导学生积极参加实践活动

实践活动是提高学生英语运用能力和跨文化交际水平的重要因素。因此，高校要加强与相关企业合作力度，鼓励学生进入外企实习，让其在实习过程中积极参加商务活动，并从中积累更多商务交谈与跨文化交际经验，进一步提高自身英语运用能力。另外，高校可以与相关机构、单位进行合作，让学生担任外贸交流会、世博会等会议志愿者，在与外国人交流实践中增强自身语言表达能力。若条件允许，高校可以直接与外国高校开展交换生活动，让部分学生在国外进行学习，深入了解外国人日常生活与语言交流习惯，加强对中西方文化差异的认知程度。这种商务英语教学模式可以充分发挥学生日常学习积极性和热情，让其在实践活动中锻炼自身跨文化英语交际能力，正确认识并掌握外国文化及英语交流规范性，确保其可以在未来参与商务活动中灵活应用所学知识进行沟通交流，切实提高商务合作成功率，更好地推动高校商务英语专业学生健康成长与发展。

跨文化交流效果是决定商务活动效果的关键因素。现阶段，在高校商务英语专业教学中，培养与增强学生跨文化交际思想意识及交际能力对推动社会发展建设具有十分重要的意义。因此，高校专业教师要结合新时代发展要求，不断创新和优化商务英语教学模式，并将跨文化交际合理融入课堂教学中，促使学生商务英语应用能力有效提升，从而为社会提供更多高质量专业人才。

参考文献

［1］施莹莹，王红娟，李保丽. 英语教育教学理论与实践［M］. 长春：吉林人民出版社，2022.

［2］王欣. 英语专业教育改革 课程思政与价值引领［M］. 上海：上海外语教育出版社，2022.

［3］蒋蕾. 大学生英语学习倦怠情绪分析及调试［M］. 长春：吉林出版集团股份有限公司，2022.

［4］洪颖. 大学英语教学创新研究［M］. 北京：化学工业出版社，2022.

［5］张慧. 信息化背景下大学英语教学与创新思维研究［M］. 北京：中国纺织出版社，2022.

［6］王琳. 英语思维与英语教学研究［M］. 沈阳：东北大学出版社，2022.

［7］潘丽. 大学英语教育教学理论与实践研究［M］. 北京：北京工业大学出版社有限责任公司，2022.

［8］刘慧. 突出自主学习的大学英语教学模式创新研究［M］. 北京：企业管理出版社，2021.

［9］窦国宁. 创客教育理念下的大学英语教学理论与实践［M］. 北京：企业管理出版社，2021.

［10］刘萍. 语料库数据驱动的学术英语教学［M］. 武汉：武汉大学出版社，2021.

［11］廖永安. 湘潭大学线上教学优秀案例集［M］. 湘潭：湘潭大学出版社，2021.

［12］潘孝泉. 国研文库 混合学习空间视域下的大学英语教学研究［M］. 北京：光明日报出版社，2021.

［13］陆少兵. 学习者学习观念与自主学习行为研究［M］. 武汉：武汉大学出版社，2021.

［14］胡永辉，李霄翔. 外语课程“三全育人”的理论与实践研究［M］. 南京：东南大学出版社，2021.

[15] 杨江. 外语教育与应用：第 7 辑 [M]. 重庆：重庆大学出版社，2021.
[16] 杨培. 探索与革新 大学英语教育发展与人才管理研究 [M]. 北京：经济管理出版社，2021.
[17] 苏广莲. 大学英语教学与模式创新研究 [M]. 长春：吉林出版集团股份有限公司，2020.
[18] 李巍. 大学英语教学理念与模式创新研究 [M]. 长春：吉林出版集团股份有限公司，2020.
[19] 韩楠. 大学英语教学体系构建与创新性研究 [M]. 长春：吉林大学出版社，2020.
[20] 何聚厚. 高校教学模式创新与实践研究 2018 年 [M]. 西安：陕西师范大学出版总社，2020.
[21] 赵长林，王桂清，李友雨. 大学课程与教学研究 [M]. 北京：北京理工大学出版社，2020.
[22] 李清. 高校英语跨文化教学研究 [M]. 长春：吉林人民出版社，2020.
[23] 胡宇涵. 大学英语教学及其媒体融合视角探索 [M]. 长春：吉林人民出版社，2020.
[24] 张鑫，张波，胡小燕. 跨文化交际视阈下大学英语教学理论构建与创新路径 [M]. 长春：吉林大学出版社，2020.
[25] 袁铎. 学科教学论教师课程育人与理论创新研究 [M]. 广州：暨南大学出版社，2020.
[26] 孙博. “互联网+教育” 视阈下大学英语教学的路径选择与构建 [M]. 长春：吉林科学技术出版社，2020.
[27] 郭艳玲. 基于内容依托教学的涉海高校学生英语应用能力培养实证研究 [M]. 长春：吉林大学出版社，2020.
[28] 鲁静. 思维创新在高校英语教学中的应用 [M]. 长春：吉林人民出版社，2020.
[29] 张辉. 城市型、应用型大学教师教学发展研究 [M]. 北京：北京理工大学出版社，2020.
[30] 赵丽. 互联网背景下高校英语教育的创新发展 [M]. 长春：吉林人民出版社，2020.
[31] 崔冉. 大学英语教学模式创新研究 [M]. 延吉：延边大学出版社，2019.
[32] 朱婧，焦玉彦，唐菁蔚. 大学英语多元互动教学模式研究 [M]. 长春：吉林大学出版社，2019.
[33] 杨艳. 英语教学创新研究 [M]. 长春：吉林人民出版社，2019.
[34] 杨雪静. 高校英语教学模式创新研究 [M]. 长春：吉林人民出版社，2019.

［35］钟丽霞，任泓璇. 翻转课堂模式下的大学英语教学改革及创新优化［M］. 长春：吉林大学出版社，2019.

［36］刘蕊. 大学英语教学的发展 思考与创新［M］. 北京：九州出版社，2019.